昨天文小姐，今日武将军。

巾帼风采

丁玲小传

王一心 著

中国青年出版社

图书在版编目（CIP）数据

巾帼风采：丁玲小传 / 王一心著. -- 北京：中国
青年出版社，2025.4. -- ISBN 978-7-5153-7651-6

Ⅰ. K825.6

中国国家版本馆 CIP 数据核字第 20255QM441 号

责任编辑：杜海燕
出版发行：中国青年出版社
社　　址：北京市东城区东四十二条 21 号
网　　址：www.cyp.com.cn
编辑中心：010-57350503
营销中心：010-57350370
经　　销：新华书店
印　　刷：三河市君旺印务有限公司
规　　格：650mm×910mm　1/16
印　　张：13.5
字　　数：103 千字
版　　次：2025 年 4 月北京第 1 版
印　　次：2025 年 4 月河北第 1 次印刷
定　　价：67.50 元

如有印装质量问题，请凭购书发票与质检部联系调换
联系电话：010-57350337

目
录　　CONTENTS

出身一个破落豪门

从地图上看，湖南省的形状就像是一只歪着身子的水母，靠近顶盖右侧，有一块蓝色的图案，那便是号称"八百里洞庭"的大淡水湖——洞庭湖。湖南省也因此而得名——省土的大部分位于湖的南面。

在洞庭湖的西面，有一座县城叫常德。由常德往正北，行约五十公里，便到了临澧县城。在县城的北面，有一条大河从遥远的西边蜿蜒流来，往东注入洞庭湖，这条大河名叫澧水。现在你该知道县城为什么叫临澧了吧？

临澧县名是辛亥革命胜利、建立民国后才改的，在清朝时，叫安福县。

一九〇四年暮秋的一天，安福县的蒋家，随着一阵呱呱啼哭，一个婴儿来到了人间。

无论在什么时代，无论在什么人家，生孩子总是一件大事，蒋家自不例外。上上下下五舅六爷七姑八婆听说曼贞生产了，都不约而同聚在产房门外听消息。

　　是个女娃！这消息就像放了个哑爆竹，众人听了，都觉得扫兴。当然最不高兴的要数婴儿的父亲了。

　　蒋浴岚与余曼贞结婚已经六年，一直没有儿子。在此之前，妻子曾经生过一个女儿，后来夭折了。这次蒋浴岚自然满怀期望，于是便有了失望，却也无可奈何，他还不至于因为妻子生了个女儿就把妻子骂一顿。虽然是个女儿，他却不按惯例叫她英呀凤呀什么的，而是给她取了个颇为大气的名字，叫伟。

　　蒋家在安福县里是数得上的豪门大户。当时县城就流传着这样一句话，说是"全县七个半大财主，蒋家占了半个"，蒋家之富，由此可见一斑。用"钟鸣鼎食"来形容当时蒋家的生活，是一点也不过分的。

　　蒋家祖辈四代都在朝廷做官，地位十分显赫。在蒋家门前，有一块"下马石"，连知府老爷来访，到此都得落轿下马步行。蒋家宅地很大，装饰布置也十分豪华，宅院里甚至搭有私家戏台，所用的木料上都嵌着象牙和宝石。建造花园更见奢侈：设计请的是上海的工程师，用的几十船石头和沙子专门从无锡运来。蒋宅大院共有两百多间房屋，睡觉的床铺很宽敞，每张床的三面都竖着雕有龙凤图案的红木板壁。吃饭的时候，就像开宴，家里成了饭店，热闹非常，总是有好几桌人，在那里觥筹交错，大享口福。为了服侍这些寄生虫，家里的佣人多得像天上的星星，仅佃户就有一千多户，以至于在打谷场旁整整住满了一条街！

俗话说，"富不过三代"。蒋伟的祖上做官到她的祖父为止已经连续了四代，照理说已算是破了古例，而实际的情形是，也就是到了蒋伟的祖父这一代，家境日中而昃了。

祖父虽然做的官不小，仕途也并非中间有变，可是他却短寿，年纪轻轻三十多岁便死了。虽然由于几代人的积累，祖父的英年早逝尚不至于使他的妻子儿女随即沦入穷困，但毕竟广厦折了大梁，加上子女辈都不成器，无人能承父业，家道于是趋于衰落了。

祖父身后的蒋家大院，所有的人加起来，仍有数千之众。亲戚们表面上彼此都很热络融洽，大家开开心心地各自尽情挥霍着祖上的遗产，过着"今朝有酒今朝醉"的生活。可即便这样生活在衣食无虞、醉生梦死之中，他们仍然忍不住要尔虞我诈、钩心斗角，为争夺宗祠及公田的收入，他们可以五技施尽、六亲不认。

家里爱读书的人本来寥寥，蒋伟的二伯父是其中难得的一个，可当他赶考时，家里却有人出于嫉妒而施诡计，将巴豆掺在他的饭菜里，使他泻肚子而无法完成考试。他事后得知缘由，一气之下，撇下家室出走，从此便失踪了。

若干年后，一位本地人去四川进香，在峨眉山上遇着大雨，他奔进一座寺庙里躲雨，见有两个老和尚正在庙里下棋。

"唉，这山里的天气就像娃娃的脸，说变就变。"香客像是跟和尚打招呼，又像是在自言自语。

两个和尚仿佛都沉浸在棋境里了，既没看到他这么个人，也没听到他说话。一盘棋下完，一个和尚忽然抬起头来，像是才发现香客似的上下打量着他，淡然问道："听口音你是湖南临澧人吧？"

看着香客点头，和尚又问："你知道蒋家一个儿子失踪的事吗？他的家里现在怎么样了？"

"知道，知道。当时方圆数十里谁不知道呀！哟，这事怕有二三十年了。真奇怪，那个人说走就走了，也不跟家里说一声，把他的婆娘差点急疯了。现在他家里挺好，他的儿子也娶了媳妇了。"

和尚不再问什么。

香客回家乡后，把这段奇遇告诉了蒋伟的二伯母。

"那么你听他的口音呢？"二伯母急问。

"他讲是讲的外路的话，但我听出来好像还夹着土话。"

"莫非真是他……"

二伯母急忙差了人上峨眉山寻访，不想那和尚却已经云游他方去了。几乎与此同时，蒋家在住宅附近发现了二伯父新留下的记号。但此后再也没有了二伯父的消息。

蒋家的奇事远不止这一件。那时候，为了壮胆，也为了防匪，家里藏了很多枪支。谁知土匪并没有来打劫，蒋伟的一个叔叔倒拿了这些枪支占山为王，做了土匪，打劫别家去了。

蒋伟的父亲则是一个名士气很重的人，也经常会做出些荒唐的事来。他早年曾留学日本学习政法，虽然随身带了许多钱，却因不能忍受异国的寂寞，加上后来又得了肺病，便中断学业回国了。回到故乡，他并不考虑做些事情，而是悠闲乡里，一味坐吃山空。生活没有计划也无目的，只知随兴而至。他不会骑马，却喜欢牵着马的样子和感觉，为此他常常牵着骏马去郊外野游，一旦遇到懂得驭马之术的人，即随手将良马赠予，眼睛都不眨一下。

有一次，蒋浴岚把坐骑赠给路人后，满心欢喜地走回家来，正在书房里解脱遛马穿的戎装，早从下人嘴里得知实情的余曼贞走进书房，站在门边，故意笑着问丈夫道："大少爷，你那宝马呢？"

"宝马还是宝马！"蒋浴岚答非所问。

"又生翅膀飞了？"

蒋浴岚见事情被太太知道了，不免有些不好意思，讪讪笑着。

余曼贞见他不说，代他答道："宝剑赠予名士，红粉赠予佳人，千里马当然也为一个非常的人骑去了……是不是这个意思？"

"不是'非常人'，只是一个懂马性、不委屈马、不糟蹋马的正派人。"

"你让懂马性的把马骑走了，你这赠马的算是什么人呢？"

"我算是个很幸福的人。命运里注定我喜欢做这种事，做过了这种慷慨事情以后，回到家来又不至于使你生气；我很快乐，你不是不生我的气吗？"

　　"生你的气？我不生你的气，你自己应当生气！你已经不是小孩子了，还尽做小孩子的事情。也不要因为家里有几亩田，有个好太太，就尽这样慷慨下去！在世界上可做的好事很多，照你说的，去牺牲自己干革命、做慈善事业、办学校，把家中这几亩田卖出去也不碍事。但拦路赠马的事，并没见一本书上有过这种慷慨的记载。"

　　"我也这么想，我若在蒙古做王公，就……"

　　"做王公？……做梦！"余曼贞佯啐道。

　　还有一次，蒋浴岚在路上看到一人骑着马扬蹄而去的架势非常潇洒，心里羡慕不已，忽然心血来潮，于是立即差人去外地买回许多白马，每匹都配上白缎子做的绣花马鞍，让亲友邻人都跨上马背，在一大片草地上四处驰骋。而他就远远地站在一个小土丘上，欣赏着自己设计的奔马图，心里感到极大的愉悦和满足。

　　其实蒋浴岚并非一无所长，他曾钻研过中医。兴致来时，他也偶尔在乡里给人把脉看病，遇到穷人，他常常医药费不取分文。

蒋浴岚就是这样一个生活浪漫、洒脱、满身名士气的人。可是，要这样生活必须有丰厚的家底给他消耗，还必须有健康的身体去享受。而这两样蒋浴岚都不足，待他把家产浪掷空了，他那多病的身子也垮了。就在蒋伟四岁那年，一场肺炎要了他的命。他的寿命比他的父亲还短三年。

　　家里开始操办丧事。家人把蒋伟抱起来，给她穿上孝衣，戴上前头吊着三条棉花球的孝帽，而后就把她放在堂屋里。堂屋满目皆白，当中放着一口黑棺材，墙壁上挂满了写着字的挽幛孝联。小小的蒋伟哪里懂得这些，她只看到白布上面乱七八糟地画了很多东西。母亲穿着一身与她相同的粗麻布衣服，跪在一个长的黑盆子后面。有人把蒋伟牵到母亲身边去，蒋伟随即放声大哭起来。她不是哭她的命运，因为她那时根本不理解这是她一生命运的一个转折点，她只是被当时房间里的凄惨的情景和气氛吓坏了，直哭得孝帽上的棉花球乱颤，就像是硕大的串串泪珠往下落。

　　丧事未完，蒋伟的大伯和叔叔就迫不及待地前来追问母亲，手上还有多少银子，说是浴岚生前欠他们的！外面的债主们也纷纷上门讨债，威胁母亲如果不还就要告她。母亲出身书香门第，是一任知府的小女儿，幼年时与哥哥、弟弟在家塾中读书，后又随姐姐们学习琴棋书画，是封建社会里难得的才女。她自小养尊处优，何时受过如此委屈！但她同时也是一个坚强的人。她强忍悲痛，遣散佣人，变卖首饰细软，先还了一部分债务，又立下了一年还清的字据。

就在节衣缩食、想方设法还债度日的艰辛中，母亲又生下了一个弟弟，那是父亲的遗腹子。弟弟的降生给母亲本已捉襟见肘的生活更增添了负担。可是母亲是一位有眼光、有抱负、有思想的女性，丧夫之痛与困厄的生活并未使这位昔日的大家小姐颓唐悲观，相反，不幸的生活反而激起她的斗志和勇气。她抖擞起精神，在勉力担负抚养两个子女的重担之余，还不时寻找着新的出路和有意义的生活。

这一天，蒋伟的三舅请人送信来，告诉母亲，她的娘家常德县将开办女子速成师范学校，定期两年毕业，问她的打算。母亲听后，雄心陡起，直觉如绝处逢生。因为将来出去教书谋生正是她的希望。她立即写信要弟弟代她报名，然后说服叔伯，打点行装，即携一双儿女，凄然而又决然地告别了伤心之地，直奔故乡去了。

外婆随口定了亲

　　此时蒋伟的外公已经过世，外婆尚健在，由三舅当家。蒋伟与母亲、弟弟寄住在外婆家，三舅的儿子成了她的玩伴。一次，外婆瞧着孙子和外孙女两小无猜的样儿，乘兴随意说道："长大了就让这对表兄妹亲上加亲吧。"

　　一言九鼎。尚在懵懂无知之年的蒋伟就这样被定了"终身"。

　　母亲顺利考入常德女子师范。一九一一年新年刚过，学校便开学了。蒋伟与母亲同校，母亲在师范班，蒋伟在幼稚班。母亲为了表明与过去告别、开始新生活，将名字改为蒋胜眉，那自然是"巾帼不让须眉"的意思。

　　女师的学生多是有钱人家的女儿。开学那天，她们个个打扮得花枝招展，一乘一乘轿子鱼贯进入学校大门，在二门外停下来，引得很多看稀罕的人围观。蒋伟站在幼稚班的队伍里，挤在礼堂旁边，看着母亲她们整齐地排列着，在庄严肃穆的气氛里，先向写着"至圣先师孔子"的牌位叩头万福，再向一群胡须长飘、正襟危坐、道貌岸然的老师行礼。那天母亲上穿一件宝蓝色的薄羊皮袄，下着一条黑色百褶绸裙，头发一丝不乱，漂亮极了，蒋伟心里很为母亲自豪。

那以后，蒋伟便与表姐、表哥、表弟一起随母亲步行上学。当他们一群人走在大街上的时候，街道两边常常有人从大门缝里好奇地偷看，家族亲戚也有人私下议论，自古至今，哪里见过三十岁的妇女还在上学？又哪里见过一个大家之女这样抛头露面？何况她还是个寡妇？可是母亲对这些一概置之不理，只管走自己的路。在家里她灯下苦读，在学校中她广结女友，常常有同学到家里来，谈得热火朝天。

春光明媚的一天，舅舅花园里的花都开了，母亲的朋友们又来做客，连母亲一共是七个人。蒋伟看她们在书房里对天行礼，结下金兰之交。她们又互换金兰谱。兰谱上面写着誓约：姊妹七人，誓同心愿，振奋女子志气，励志读书，男女平等，图强获胜，以达到教育救国之目的。

七个人中，母亲年纪最大，最小的才十七岁，此人便是后来成为中国共产党著名的早期妇女运动领导人的向警予。向警予在家排行第九，母亲叫女儿喊她九姨。

礼仪既成，她们便互相鞠躬道喜，蒋伟的舅妈也来向她们祝贺。她们就在书楼上一边饮酒赏花，一边开怀畅谈。年幼的蒋伟对她们的举动虽然还不能完全理解，但这事仍然在她幼小的心灵中留下了难以磨灭的印象。

不久，辛亥革命的风暴刮到湘北，常德女师停办了。母亲转而考入长沙湖南省立第一女子师范学校，蒋伟也随之进入该校读小学二年级。在长沙她们仅待了几个月，即因学费不继而双双辍学了。

母亲把蒋伟交给向警予暂代照顾，自己回到了临澧，将房产变卖以偿还债务。后来她在桃源县立女子小学谋到一教职，才把女儿接到身边。

生活仍然是清贫的，母亲自有她内心的痛苦，但蒋伟从来没有听到过母亲诉苦和抱怨，而常常听到的却是历史上功臣烈女的故事。其中，母亲最爱讲的是秋瑾，讲她怎样参加革命，怎样为革命牺牲。这些都使蒋伟从小便对慷慨悲歌、济世忧民的仁人志士，以及他们忠君爱国、视死如归的豪迈气概无限钦佩。

随着年岁的增长，蒋伟愈来愈不喜欢表哥及舅父舅母，寄人篱下的日子难免有许多酸楚的滋味，就连小小年纪的她也怀有满腹心事，甚至在快乐时也会突然忧郁起来。她在为与表哥的婚约而烦恼。

向警予离开常德女师后，为了实现她教育救国的理想，在故乡湖南溆浦创办了一所学校，亲任校长。五四运动爆发的前一年，她决定去法国勤工俭学，在赴长沙的途中路过常德，曾动员蒋伟的母亲同去。蒋胜眉虽然心动，但因缺少路费，又有女儿的拖累，只得满怀遗憾地放弃了。

那时蒋伟刚自小学毕业，遂以第一名的优异成绩考取了桃源湖南省立第二女子师范学校预科。她在第二女师度过了一年非常愉快的时光。在她的同班同学中有一个叫朱含英的，就是从向警予的学校里毕业的。她常跟蒋伟谈起向校长如何教育学生、走访学生家庭，如何对学生很少责备而以身作则，赢得学生们的爱戴。蒋伟听了就想，难怪母亲对小她十多岁的九姨那么敬重。九姨在她心目中的形象更高大了。

而后，蒋伟的母亲常常收到向警予的法国来信，谈些西方世界的新思潮，还寄一些照片来，有她与蔡和森并坐阅读马克思主义书籍的照片，有她与蔡畅等女同志合影的照片。每当蒋伟从学校里回家，母亲就会拿出这些信和照片来给她看，使蒋伟对九姨他们的生活神往不已。

在学校里，蒋伟的功课虽然很好，但她并不是一个只知读死书、死读书的学生，她沸腾着热血亢奋地投身到五四浪潮中去，和同学们一起上街游行，到处演讲，在贫民夜校向贫苦妇女宣传反帝反封建，教她们识字。蒋伟在夜校教珠算，因为年纪小，被学生们称作"崽崽先生"。蒋伟的举动引得原本最欣赏她的守旧校长不住地对她摇头叹息。蒋伟还和几十位同学一道，象征革命地将辫子交给了剪刀。

校长见硬拦不住学生，便提前放暑假赶学生回家。蒋伟只好又回到了常德。

刚下码头，她便与舅父舅母发生了一场小冲突。舅父舅母见她剪了发，知道她在外面一定"新"得可以，立刻冒了火。

"哼！你真会玩，连个尾巴都玩掉了！"舅舅生气地说。

"身体发肤，受之父母，不可毁伤。"舅妈冷冷地说。

蒋伟原本见了他们就不高兴，又听他们一句来一句去的，也火了。她冲着舅父嚷道："你的尾巴不是也早已玩掉了吗？你既然剪发在前，我为什么不能剪发在后？"

外甥女连珠炮似的一番话，呛得舅父舅母只能干瞪眼睛。

蒋伟一度在长沙周南女中上学，因对校方不满而退学，后转入长沙岳云中学。

在这里她与杨开慧成了同学。

发表文章骂舅舅

　　学校放寒假了，蒋伟从长沙回到了常德。

　　一天，有两个女孩上门来见蒋伟的母亲。蒋伟见其中一个女孩面熟，想了一想，试探着问道：

　　"你是王淑……"

　　"我现在叫剑虹。"那女孩笑着点头，又反问蒋伟道，"你怎么认识我？"

　　蒋伟的母亲蒋胜眉在一旁笑着代答："她也在桃源二师待过，是你的校友哩。"

　　"哦，是吗？"那女孩听了，愈发笑得双眼弯成了月亮，一边就拉住了蒋伟的两只手。

　　蒋伟也笑了，又问王剑虹道："你怎么又认识我母亲？"

　　王剑虹指指身旁的女孩介绍道："她是我的堂姑，

我俩的姐姐都做过蒋老师的学生。"

"哦。"

在桃源二师，蒋伟才读预科，王剑虹就已是二年级的学生了。别看王剑虹平时严肃有余，不苟言笑，仿佛是个性情孤僻的人，可是五四运动爆发后，她却成了学生会的积极分子，成了学生活动的领头人物。她参与组织学生游行，并去夜校授课，她的演讲总是引来学生们的阵阵掌声，她还常常在学校的辩论会上把守旧的老校长及教员们问得张口结舌。因此，蒋伟虽然跟王剑虹没有交往，但对王剑虹却非常钦佩。

当下蒋伟与王剑虹很自然地谈起几年前桃源二师的情形，又互问如今的学业和境遇。

"岳云中学不错吧？男女同校在这里还是破天荒头一遭呢！"王剑虹说。

"唉，都是一阵风，一股热情，时间长了，风过去了，热情也不知哪儿去了。有时候是换汤不换药，徒有虚名，令人失望。"蒋伟说。

"想不想换换空气？"剑虹问她。

"换空气？如何换法？"蒋伟一时不解。

"我刚从上海回来，那里的空气比这里新鲜多了——跟我去上海怎么样？”

“哦？那里可以上学吗？”蒋伟怦然心动。

“当然了。喏，陈独秀、李达他们创办了一所平民女校，你若要想去，我可以推荐。我跟李达的夫人认识，我可以把你介绍给她。”

年轻人的血本来就是热的，很容易沸腾。“好呀！”蒋伟的眼睛亮了。

此后数日，王剑虹常来找蒋伟，蒋伟也常常回访，两人促膝而谈，越谈越投机。

蒋伟越来越向往上海，可是她仍然难下决心。一是赴沪即不得不中断岳云中学的学业，放弃即将到手的文凭，二是舍不得母亲。蒋伟的弟弟四年前因病夭亡，这给母亲的打击很大，现在她唯一的女儿还要离她而去，因此蒋伟心里有些矛盾。她把想法跟母亲说了，征询她的意见。

蒋胜眉实在不是一个只知把子女庇护在自己翅膀下的普通母亲，也不是一个指望子女照顾的自私母亲。她爽朗地对女儿说道：“学校不毕业就不毕业，到处流浪就到处流浪，你去闯吧！我会照顾自己。”这样蒋伟才下了决心。可是在她面前，还拦着一道障碍，这便是她与表哥的婚约——她要远走高飞，三舅能同意吗？

蒋伟请求母亲去跟三舅说。

母亲去了。

蒋伟听到隔壁三舅的嗓音高了起来："这个小丫头，就是花样经多！她从来没把我们做长辈的放在眼里，你要好好管教管教她，你要老是这么由着她，总有一天她会骑到你脖子上来！"

蒋伟生气又委屈，一时按捺不住，冲了出去，她也大声地对三舅说：

"我只是要去上海读书，就引出你这么多话来！你别挑拨我和我妈妈的关系，我尊重我妈，但永远不会尊重你！"

"你看看！你看看！"三舅气得指着外甥女对姐姐说道，"这还得了！敢跟长辈顶嘴了！这还没嫁进门呢，就这样厉害！"

"我才不要进你们家的门呢！是你们逼着我的！"蒋伟愈发火大。

"你敢！父母之命你敢违抗？"三舅极尽威严。

蒋伟却不买账："你想压服我不行！我的婚姻要由我做主。你对我们孤儿寡母已经欺侮得够了，你要骂我，我就要在街上骂你，让全城都听见！"蒋伟说完，扭头跑进自己的房间，卷起铺盖，冲出大门，住到母亲的学校里去了。

正值寒假，学校里空荡荡的。蒋伟就在这空寂的校园里生闷气。

王剑虹来看她了，蒋伟把这事告诉了王剑虹。

"对，就要跟他斗！这种人，你要是逆来顺受，你就完了。"王剑虹说。

"我真想写篇文章，去骂骂他。"蒋伟气犹未消。

"为什么不呢？"

激愤之下，蒋伟一挥而就写了一篇"讨伐"三舅的"檄文"。文章说她三舅是豪绅恶霸，在道貌岸然的外表下，藏着一肚子男盗女娼，说他生活如何腐化，在乡里如何巧取豪夺、仗势欺人，如何满脑子的封建意识……总之她把平时在报刊上读到的反封建、反土豪劣绅的革命词儿都用上了，文章还毫不忌讳地直点三舅的大名！

文章写成才想到往哪儿投稿。

"就投我们县的《民国日报》，怎么样？"王剑虹问道。

"可以，这个报纸还比较进步，经常有一些反封建的文章。"

"那就投这个报。"

"好。"

王剑虹陪着蒋伟来到报社。

"我们来投一篇反封建的文章。"王剑虹对编辑说。

"好，好，欢迎，欢迎。"

编辑接过稿子看了看，说："嗯，文笔不错嘛。是你写的？"他问王剑虹。

"不，是她写的。这个豪绅是她三舅，就是本地人。"

编辑一听，愣了一下，说道：

"请你们等一下，我去问问主编。"

编辑再出来时，面有难色地说：

"哎呀，这文章，写得是不错，很有斗争性，不过，你写的既是本地人，我们就要慎重对待了，我们还要再调查调查，看你写的与事实有没有出入，还要……你们看呢，稿子是拿回去，还是暂时放在这儿？"

蒋伟和王剑虹一看，都生气了。

王剑虹对编辑说:"我们马上要去上海,我们要把这篇文章投给上海的《民国日报》,还要告发你们,说你们与豪绅勾结,压制青年,不肯登我们的文章。"

这一招还真把编辑吓住了。

不久,常德《民国日报》登出了蒋伟的文章。但为了避免麻烦,经蒋伟同意,文章中以"□□"代替作者名,用"×××"代替三舅的名字。

在母亲的支持和斡旋下,蒋伟终于如愿以偿,解除了与表哥的婚约,一身轻松地随王剑虹登上了开往上海的火轮。

半夜上课的平民女校

　　在船上，蒋伟与王剑虹常常凭栏远眺，一边欣赏着水天景色，一边开怀畅谈。蒋伟憧憬着未来，不停地向王剑虹打听上海的一切。

　　"那平民女子学校究竟是怎样的一个学校呢？"

　　王剑虹笑道："这问题你已经问了我好几次了。你去了，自己看一看，不就清楚了吗？"

　　"那里的教员都很有学问吗？"

　　王剑虹点头道："是的，都很有学问。不少教员都是在国外留过学的，比如李达校长……"

　　"你是说王会悟的丈夫吗？"

　　"是的。李先生就是从日本回来的，学问很好，他们去年春天才结婚。"

　　"他们一定很幸福。"

"是呀。王女士也很能干的。"

"要不她怎么能任《妇女声》主编呢？"

"还不止于此哩……"说到这里，王剑虹放低了声音道，"去年夏天，他们在上海召开中共第一次全国代表大会，李先生负责联络，吃住、会址可全是王女士张罗的呢！他们先在法租界一栋房子里开会，开到一半，突然闯进来一个人，说要找人，随即又慌里慌张跑掉了，其实这人是巡捕房的密探。后来不到十分钟，巡捕就开着警车来抓人了，可是开会的人已经先疏散了，巡捕们扑了个空。"

"那后来呢？"蒋伟听得津津有味，追问道。

"会还没有开完呀，但显然不能再在法租界里继续开了，怎么办呢？"

"是呀！怎么办呢？你快往下说呀！"蒋伟催道。

"大家一时都想不出万全之策，后来还是王女士出了个主意，不如到她的家乡去吧。她是浙江乌镇人——乌镇位于嘉兴南湖之畔，比较偏僻，而且离上海也不远。大家一听，都觉得这主意好。李先生就叫王女士去打前站。王女士去了后，先在旅社租了房间，然后托旅社代雇了一只画舫，让代表们装作一群游客，在船上开会。"

"这办法真绝!"蒋伟不禁赞叹道。

"他们就一边行船,一边开会。王女士扮作一名歌女,在船头望风放哨,一发现有其他游船驶近,便哼起嘉兴小调,同时用手敲打舱门,像是在打拍子,其实是给开会的人打暗号。"

"王女士真了不起。"

"跟他们在一起,你会觉得有精神。"

蒋伟笑了。

上海平民女子学校坐落于福煦路(今延安中路)福煦里,它的南边是法租界,北边是英租界。它表面上是一所学校,实际上是共产党的一个秘密接头处,来往的共产党员很多。它的规模很小,只是一栋二楼二底的房子。蒋伟她们来到后,学校里住不下,便在校旁租了间房子住下来。

学校里的学生只有三十多个,按学生的文化程度不同分作高、低两班。低班有些学生甚至还是文盲,蒋伟与剑虹自然都分在了高班。教员大多是兼职的,所以上课的时间不能确定,往往什么时候教员来了就什么时候上课,甚至有过教员半夜里来学生从床上爬起来听课的事情发生。

除了课堂学习外，蒋伟还经常参加社会活动，如马克思的生日纪念会；被湖南军阀杀害的爱国者黄爱、庞人铨的追悼会；工人闹罢工，她们到马路上去募捐，并跑到浦东纱厂去演讲，鼓动工人弟兄斗争到底。演讲时，蒋伟的一口湖南话上海工人听不懂，就由同学来翻译……

蒋伟起初对这些充满了热情与兴趣，觉得是在干革命。她陶醉在这种火热的学习生活中，甚至将自己的名字也改成充满了诗意的"冰之"。可是半年下来，她却又动极思静，对现状不满足起来。平民女校的课程缺乏系统性，课堂上所讲的"五四"以来的白话文作品，有许多她早就读过了；邵力子讲古书，她也没有兴趣；又觉得总是被过多的社会活动牵着东跑西跑，还不如自己找个地方好好读些书。

冰之把她的想法与剑虹一说，剑虹也有同感。就在她们打算另寻别处而尚未付诸行动的时候，平民女校却因种种原因停办了。冰之与王剑虹在上海滞留了一段时日，便"流浪"到了南京。

入了上海大学

　　冰之和王剑虹在南京住了下来，一时还找不到生活的目标，只是拼命省下钱来买书读。书籍使她们生活在清苦之中而不觉得苦，因为她们的精神是充实的。

　　除了书籍外，日常填充她们的精神世界的还有友情。经常有朋友光顾她们的住所，往往一个朋友牵着另一个朋友，朋友的朋友又变成了她们的朋友。就这样如同滚雪球一般，她们的朋友越来越多。

　　有一天，一个老朋友带来了一个新朋友。这位首次谋面的朋友瘦长个儿，戴着一副散光眼镜，说一口江南官话，言语虽不多，却是很机智，偶尔还会不动声色地带点幽默，很快便赢得了冰之和剑虹的好感。后来大家才知道，他叫瞿秋白。

　　瞿秋白在去年便加入了中国共产党，这次到南京，是来参加青年团"二大"的。冰之听说瞿秋白两年前曾以记者身份访问过苏联，便请他讲讲苏联的情形。瞿秋白把他在苏联的见闻一一道来，十分引人入胜。他听说冰之与剑虹读过苏俄作家托尔斯泰、普希金、高尔基等人的作品，便又如数家珍般大谈其人其作来，冰之与剑虹如同儿童听大人说故事似的听得入了迷。

她们也谈到自己在平民女校的经历、一年来东游西荡的生活，以及种种幻想般的理想。瞿秋白很有兴致地听着，而后劝她们道：

"何不跟我们到上海大学文学系去听课呢？这样既可学到一些你们喜欢的文学基础知识，接触到一些文学上有修养的人，又可以学到一点社会主义。"

冰之道："好是好，只怕上海大学又是一个平民女校！"

剑虹接着道："是呀，不要又只是一个培养共产党员的讲习班，而不认真地当作一个正规学校来办。"

瞿秋白道："上海大学是所正式大学，你们可以放心，我保证你们自由听课，自由选择。"

冰之与剑虹被说动了心，没几天，她们便结伴来到了上海。

上海大学的前身是私立东南高等师范学校，创办者因办校无方、师资缺乏被学生轰走，而后学校经过改组，延聘了较有声望的于右任来做校长。校长虽是国民党人，可学校的骨干却是共产党员，邓中夏任总务长，瞿秋白任教务长兼社会学系主任。

当时的上海，封建气息虽然并不比其他地方淡薄，但浓重的商业性使它总是领风气之先，废姓改名就是那时年轻人十分热衷的反封建激进表现的一种时尚。冰之已经改过一次名，在入上海大学时又嫌"蒋"字笔画太多，近乎迂腐，于是选了个姓氏笔画最少的"丁"字作为她的新姓，又为了响亮上口，用了个"玲"字做单名。

上海大学坐落在闸北青云路上，地处偏僻，宿舍也很差，只有一楼一底，丁玲与剑虹住在一间亭子间里，楼上楼下尽是些打扮得花枝招展、说话嗲声嗲气的上海女生，丁玲、剑虹与她们互相看不惯，除了迎面相遇时偶尔点点头外，从来不来往。只有一回，丁玲看着一位校花长得的确出众，一时竟起了爱惜之心，禁不住与她攀谈起来。不料那校花开口第一句便是：

"丁小姐有爱人吗？"

"没有。"丁玲此时刚发现王剑虹与瞿秋白恋爱了，觉得剑虹与自己的关系不像以前那么亲密无间了，心头不免产生了一种失落感。当时，她正处在追求理想与生活出路而不得的苦闷中。原本就有些鄙视爱情，认为它是人类脆弱的情感，此时更将陷入恋爱中的人一律视作不求上进的意志薄弱者。当下听了校花的问题，自然觉得十分刺耳。

"那么丁小姐抱不抱独身主义？"校花又随便问道。

恋爱与独身都是当时年轻人的时髦，可在丁玲听来却都是无聊的问题，心中不悦，嘴上便没好气地答道：

"我从来没有想过这个问题，现在也不打算去想。"

校花一点没有看出丁玲心中的不快，倒对丁玲的回答感到十分奇怪，只得微微一笑，摇摇头，走开了。

上海大学有些教员如沈雁冰、陈望道、邵力子等，都是平民女校的教员，所以丁玲与他们并不陌生。她喜欢听沈雁冰讲古希腊史诗，那些极为离奇又美丽的远古异族故事使她生发出许多幻想，连带着使她对欧洲的历史地理都产生了兴趣，她将它们与中华民族远古的故事作比较，觉得很有意思。她还由喜欢老师，继而去读沈雁冰在《小说月报》上翻译的西方小说。这些都影响了她以后的文学创作。

丁玲爱听沈雁冰的课，剑虹则爱听俞平伯的课。俞平伯讲宋词，全身心投入，声情并茂。剑虹本来就喜欢旧诗词，课上认真聆听，课后不时低吟浅唱，陶醉其中。尽管如此，丁玲与剑虹最喜欢的老师还是瞿秋白。几乎每天下课以后，瞿秋白都要到丁玲与剑虹的住处来，他一来，她们的小亭子间立刻热闹起来，充满了生气和笑声。他跟她们什么都谈，既谈希腊、罗马、欧洲文艺复兴，也谈唐宋元明；不但谈古人，也谈活人，而且还谈现实生活。此时的谈话，无拘无束，他就像一个导游，带领着丁玲与剑虹天南海北、古今中外地旅游。后来瞿秋白又教她们读俄国大诗人普希金的诗。他的教法很特别，稍稍学了俄语字母发音后，便开始读原诗，边读边讲解诗句中的文法、俄文用语的特点以及普希金遣词用句的美丽。这样，读一首诗往往要学两百多个生词，要学许多文法。但因这些单词、文法是与诗句连在一起的，所以非但学起来不枯燥，反而记得很牢。如此学了三四首诗以后，她俩都感觉自己差不多已经掌握俄文了。

丁玲、剑虹与秋白也常在黄昏时分去附近的宋教仁公园散步赏月。有一次，丁玲对他们说：

　　"我对宋教仁印象可深了。"

　　"怎么会呢？他被袁世凯刺杀的时候你还是小孩子呢。"瞿秋白笑道。

　　"他牺牲的那年我是很小……十岁不到。"

　　"就是嘛。"

　　"可当时家母在桃源县立小学教书，我在那里念书，宋教仁就是桃源人嘛。他死后，学校要举行追悼会，指名让我代表同学在台上讲话，我自然是念家母写的稿子。记得那稿子写得很有感情，反对袁世凯，反对他对革命者的屠杀。我念的时候，竟引起了全场震动，虽然以我那时的年龄和知识，对这事还无法理解。"丁玲说完，深深地叹了口气。

　　转眼寒假到了，学校迁到新址西摩路（今陕西北路）上，丁玲与剑虹、秋白等一帮朋友在新校址附近的慕尔鸣路（今茂名北路）租了一幢两楼两底的弄堂房子。此时剑虹已与秋白结婚，两人在一起十分恩爱美满，虽然他们也常邀丁玲同游同玩，但丁玲夹在他们两人之间，瞧着他俩眼角眉梢亲密的样子，内心便涌出寂寞与无趣，像在树林里撞上了蛛丝，揭也揭不掉，挥也挥不去，恼人得很。在这样的情形下，丁玲不禁把眼光投向了远处，她开始思念起别处的朋友来。在她心里，不断地冒出一些计划，比如去北京读书。以前她与剑虹是无话不谈，可是现在，剑虹有了更适意的倾诉对象，丁玲敏感地觉察出她们之间的知心话少了。

伤心地到北京去了

　　日子在惆怅中一天天过去。在丁玲的房间里，有一个烧煤油的烤火炉，这个炉子本是瞿秋白的弟弟买给哥嫂的，但秋白与剑虹都执意要把炉子放在丁玲的房间里。当两人晚上到丁玲房里来聊天的时候，他们喜欢把电灯关了，让火光从炉盖上的一圈小孔中透射出来，形成一个美丽的光圈，使房间里充满神秘浪漫的情调。就在这样的氛围里，有次丁玲问瞿秋白：

　　"你看我将来学什么好、干什么好，现在又该如何做呢？"

　　瞿秋白不假思索道："你嘛，就按你喜欢的去学、去干，飞吧，飞得越高越好，越远越好。你是一个需要展翅高飞的鸟儿。嘿，就是这样……"

　　这话给了丁玲很大的鼓舞和信心，也使她暗自下了北上的决心。

这年夏天，丁玲在上海又见到了她亲爱的九姨向警予。九姨去年刚从法国归来，她跟丁玲说了这两年自己的经历，讲到她从法国回到广东，在码头上，当时因女子剪短发的人很少，特别是在广州这样的大城市里，剪头发被认为是革命党，向警予一上岸，便被一群人围住，指指点点说她是革命党。"你说我面对这种局面，该如何是好呢？"向警予笑眯眯地问丁玲。

"如果是我，我一定会生气，会赶快离开那个地方。"丁玲不假思索道。

"开始我也想这样，可是我又一想，这不正是对大众宣传的好时机吗？于是我干脆停下不走，大声对周围的观众说起男女平等的道理来。"

"那他们是什么反应呢？"

"他们听了我的话，并没有嗤之以鼻，相反，倒是越听越认真，许多人还点头呢。"

丁玲听了很受教育。

那时向警予已同蔡和森结了婚。丁玲常去他们的住处。可是，每次走到他们的房前，都听不到里面有任何谈笑的声音，原来他们都在静静地读书。他们的刻苦好学给丁玲留下了非常深刻的印象。

就在一九二四年的暑假即将来临的时候，丁玲打点好了行装，向剑虹及秋白告别，说她要回湖南去探望母亲，而后便去北京读书，那里有她中学的同学，听说那里读书的空气浓厚，并且补习学校的校长是湖南新民学会的人等等。她嘴上这么说着，潜台词却是："上海大学也好，慕尔鸣路也好，都使我厌倦了。我要飞，我要飞向北京，离开这个狭小的圈子，离开两年多来一天也没有离开过、一天也不愿离开的你——王剑虹。我们之间，原来总是一致的，现在虽然没有什么分歧，但你已完全属于秋白了。"

听了丁玲的话，剑虹与秋白都没有反对，自然也没有反对的理由，他们早就了解丁玲是有远大理想的人，怎么好阻拦她去追求理想呢？但他们对丁玲离去的其他原因多少也有些感觉，却又不便明说，于是留恋、惜别的表情写在了他俩的脸上。

一时间，三人心里都不是滋味，大家沉默了。

晚上当丁玲动身时，可能是为了避免伤感，也可能是为了避免尴尬，剑虹与秋白没有送她，连房门也没出。丁玲离开房屋时，感觉身后的空气凝固。只有一个朋友买了一篓水果，把丁玲送到船上。

船起锚时，已是深夜，丁玲毫无睡意，凭栏伫立，眺望着渐渐远去的霓虹灯闪烁的上海，心里想："上海的生涯就这样默默地结束了。我要奔回故乡，我要飞向北方。好友啊，我珍爱的剑虹，我今弃你而去，你将随你的所爱，你将沉沦在爱情之中，你将随秋白走向何方呢？……"

丁玲在故乡在母亲身边享受着暑假的悠闲，随着日子的一天天过去，在上海的惆怅也一天天淡薄了。就在这时，剑虹寄来一封信，说自己得了什么病，丁玲也没在意。在丁玲离开上海以前剑虹就不时感到不适，当时谁都没有当一回事。此时信中言病，丁玲还以为是剑虹表达对朋友的思念呢。在信的后面附了秋白写的几行字："你走了，我们都非常难受。我竟哭了，这是我多年没有过的事。我好像预感到什么不幸。我们祝愿你一切成功，一切幸福。"

瞿秋白的话莫名其妙，丁玲百思不得其解——他预感到什么不幸了呢？究竟又有什么不祥之兆呢？丁玲想不明白，对这事也没放在心上，当时她正为去北京而设法说服母亲呢。

可是半个月后，她又忽然收到剑虹的堂妹从上海的来电，内容只有八个字："虹姊病危，盼速来沪！"

如同半空中一声惊雷，几乎把丁玲给震呆了！她离开上海才一个多月，一个活人怎么一下子就病危了呢？为什么发电报来的不是秋白而是剑虹的堂妹呢？她究竟患的是什么病竟会如此凶险呢？丁玲顾不得细想，随即匆匆忙忙返回上海。

当丁玲赶到慕尔鸣路原先的住处时，万万没有想到，她再也见不到剑虹了！剑虹的棺木已放在四川会馆里。秋白竟也不在上海，他到广州参加国民党中央执行委员会全体会议去了。也不能怪瞿秋白在妻子重病时离开，这个会对共产党来说至关重要。在国共合作结成统一战线的背景下，半年前，瞿秋白与李大钊、毛泽东等人作为共产党员出席了国民党第一次全国代表大会，并当选为候补中央执行委员会委员。可是国民党中的右派反对孙中山吸收共产党员改组国民党的主张，将加入国民党的共产党员视作眼中钉、肉中刺，亟欲拔之而后快。六月中旬，国民党中央监察委员会一些委员联名向国民党中央执委会提出弹劾共产党案。在执委会全体会议上，瞿秋白将代表共产党阐明观点，表明态度，消除误会，反击右派。所以他是为了党的利益才牺牲家庭的。对这些，丁玲当时自然不清楚。

这个突如其来的打击太猛烈了，丁玲几乎承受不住。当她得知剑虹的死因是肺病时，这才悟出秋白所写的那几句话的缘由，秋白本是有肺病的呀，这一定是他将病传染给剑虹的！"是谁夺去了剑虹如花的生命？是天杀了她还是爱情害了她？"丁玲悲愤莫名，她在四川会馆大哭了一场。

丁玲本就对前途和出路充满了苦闷，密友的去世更增加了她内心的灰暗。至此她对上海已经一无眷恋，她带着一颗受伤的心与剑虹的堂妹们一同登上海轮，往北京去了。

认识了胡也频、沈从文

忘记过去有两粒良药，一粒是时间，一粒是环境。

丁玲住进北京西城君才胡同一个补习学校里，很快便与同宿舍的一位叫曹孟君的小姐成了好朋友。

曹孟君有一位男友，叫左恭，是《民众文艺周刊》的编辑。聊起来，丁玲发现他竟是同乡，关系不觉进了一层。

丁玲开始补习功课，打算投考美术学校。画画是她自小就喜欢的事情。左恭对美术也有兴趣，两人就一同投师习画；与此同时，丁玲还常常去北京大学旁听文学课，左恭也是旁听生之一。

丁玲常常陪伴曹孟君去左恭的寓所，在那里她们结识了《民众文艺周刊》的另一位叫胡也频的编辑。

胡也频比丁玲小一岁，在认识丁玲以前人生路也是走得磕磕绊绊，苦多乐少。他原名叫胡崇轩，幼名胡培基，出生于福州市城内城边街买鸡同（现环城路买鸡同三号）一个家道中落的家庭。他的祖籍在江西新建县，祖父胡寿林原是种田人，灾荒之年夫妇俩离乡背井，跟着卖麻布的商贩流落到了福州。胡寿林虽为农民，却不知打哪儿发育出艺术细胞，竟在一个由江西人组成的京戏班里演起戏来，先当青衣后又改饰老旦，慢慢地有了不小的名气。

可是，胡也频的父亲未能继承他父亲的衣钵，他起先在戏班里只是个打杂的，胡寿林去逝后，又在戏院里打杂，后来他做起了掮客，以"包戏"为业养家。生活上虽不至穷困却也无保障，因为过去多在露天搭台唱戏，所以就得靠天吃饭，一下雨就没什么人来看戏了。

"晴乐雨愁"给幼年的胡也频的印象很深，以致成年后，一遇雨天，他还会条件反射地忧郁起来。

也频六岁时进了私塾，享的是祖父的庇荫；祖父一死，他便辍了学。十二岁时才又进小学续读，其后时断时续，到了十六岁该是为父母分担生活重担的年龄，家里便把他送到一个叫祥慎金铺的店里去当了学徒。

学徒本来就是师傅家的小媳妇，金铺任姓掌柜对也频自然也不会善待，因此也频在铺子里就免不了受气。

一天晚上，也频从睡梦中被一个比他大的学徒弄醒了，原来这位师兄看着也频年少体弱，竟来欺侮他。也频又惊又怕，却又不敢叫唤，只是在黑暗中作死力抗拒。师兄见不能得手，恼羞成怒，对着也频的头脸撒了一泡尿以泄恨，然后扬长而去。也频缓缓起身，去寻水冲洗，心中充满了耻辱和仇恨。

又一次，金铺里失落了一对金戒指，找不到便怀疑是也频偷去了，于是他们骂他、打他、威胁他，甚至把他捆了起来。他忍受不了，便求他们，哭着求他们，可是他们不饶他。眼泪哭干了，他便想，早知如此，不如真偷了那对戒指。

戒指后来找到了，是掌柜的拿到后面去给太太看，忘了拿回来。他们放了他，却并未向他道歉。这使也频起了报复的念头。

一个月后，祥慎金铺一个小学徒失踪了。老板觉得诧异，却并不着急。可是，当他发现又失踪了一副金钏时，这才真急了！

胡也频怀揣着金钏，登上了去上海的轮船。他谁也没告诉，包括他的父母。

那副金钏很大，足有二两多，是他多日前看中的。轮船破浪而行，他站在甲板上，想象着金铺吵翻天的情形和老板、伙计们着急的嘴脸，禁不住开心而得意地笑起来，以至于把离乡别亲的伤感也暂时忘却了。

在船上，他结识了一位同乡，下了船他便随同乡住进了一个福州人开的小旅馆。

住了一段日子下来，也频渐渐有了忧愁，今后的出路在哪里呢？他到底要做什么、能做什么，自己也不知道。身上不多的几块钱已快用完，金钏究竟怎么处理他也还没想好。

就在这时，他认识了一位经常来往于小旅馆的客人，这位客人与他差不多同龄，是小有天闽菜馆的少东家，还只是浦东中学的一个学生。他们成了朋友。

少东家跟也频大谈学校里的情形，勾起了也频的兴趣，他还邀也频住到他家去。也频自然求之不得。他用金钏换了一大笔钱，清了旅馆的账，搬到了小有天，在菜馆里的楼梯底住下了。接下来他进了浦东中学。

从此，他白天陪着少东家去学校上学，晚上为少东家补习功课，同时还在店里打打杂。

巧的是，也频有一位叫康康的表叔在小有天当厨师。时间一长，他对也频编的谎话产生了怀疑。也频的父亲终于知道了失踪一年多的儿子的踪迹，随即赶了来。可是他并未过多地责怪儿子。

"我走后，金铺有没有要你们赔金钏？"也频关心的是这个。

"当然要了。任老板心疼得要命，火得跟什么似的。不过他也只好自认倒霉，他问我们要金钏，我们还问他要人呢。"父亲说道。

也频笑了。

为孩子今后的出路着想，父亲把他送进了大沽口海军预备学校，那是一所免费学校。三年后因学校停办，他辍学了。一九二四年他到了北京，想投考北京大学，可是却因外语不及格而名落孙山。此时他身无分文，困居在京城。饥寒交迫中的可怜人往往特别爱呐喊，也只剩下说话的能力了，于是他拿起了笔，开始写小说，后来又与项拙、荆有麟等人合编《京报》副刊《民众文艺周刊》。

丁玲与胡也频相识时，正处在往事不堪回首、前瞻路途渺茫的人生低谷，情绪仍然很差，因此对胡也频也只是以普通朋友相处，并未想更多。胡也频对丁玲却是一见如故。他用一个纸盒装满一大把黄玫瑰，在花上夹了一张字条，深情地写上"你一个新的弟弟所献"，托人送给丁玲。丁玲虽然没有那份闲心，倒有许多闲暇，与胡也频作为普通朋友常相往来。

有一天在闲聊中胡也频对丁玲说："前两天我和项拙去看一个叫休芸芸的作者，他住在西城庆华公寓里，又是一个穷困的文学青年。他人长得很秀气，长我三岁。你能猜出他现在的理想吗？"不等丁玲回答，他又说道："是每月挣二十块钱稿费。哈哈！"

"这好笑吗？"丁玲道，"我的理想还不如他呢。如果每月可以挣到二十块钱，那么不管什么工作我都愿意做的。"

胡也频立刻收住了笑容。丁玲却突然对休芸芸有了兴趣，笑着对胡也频说：

"你不是说他漂亮吗？能不能带我去见见他？"

"好呀。"

过了几天，丁玲上身穿了一件灰布衣，下面套了一条青色绸布短裙，跟着胡也频来到休芸芸的住处。大家见了面，休芸芸不等胡也频介绍，就直接问道：

"你叫什么名字？"

"我姓丁。"

休芸芸瞧着丁玲圆圆的脸庞心里想:"你长得像个胖子,却姓丁,真好笑咧。"嘴里却又问道:"丁小姐是哪里人?"

"湖南。"

"我也是湖南人咧!"休芸芸兴奋起来。

"哦?"丁玲笑道,"府上在湖南什么地方?"

"凤凰。小姐呢?"

"临澧。"

"以前是叫安福吗?"

"是呀。"

休芸芸一听,不觉笑道:

"安福县我可知道咧。十年前护国战争时,湘军以援鄂为名,经岳州开过湖北,家兄在部队里做小小的军佐,跟随一个团长到过安福县。他在县城里过了一夜,住在一个姓蒋的大户家中,同一个姓戴的参谋,睡在那人家小姐的绣房里,两人躺在一铺镂花楠木大床上,看见墙壁上挂了一幅赵子昂画的白马,家兄学过绘画,因此懂得那是真迹……"

丁玲失口惊叫道:"那是我的堂伯家!那幅白马图

可是他的宝画。"

　　休芸芸听了，吃惊的程度绝不比丁玲轻些。

　　丁玲又道："凤凰县我也知道。我在桃源二女师念书时，女友中有个姓杨的，就是凤凰得胜营人。"

　　休芸芸拊掌笑道："哈，我认识。六年前我还替她传递过情书，现在已做了我的大表嫂了！"

　　"啊！"

　　世界真的这么小吗？三人一齐笑了。

　　其实，休芸芸不是别人，他就是我国现代著名作家沈从文。

寄信鲁迅引起误会

开心的时刻总是像黄昏前西天的一抹霞光，一会儿就不见了，而愁绪却如同春日里的绵绵细雨，没完没了。

日子一天天过去，可丁玲仍然看不到一点人生的希望，前途依然渺茫，甚至于工作也找不到。在愁肠百结和万般无奈之下，她想到了被进步青年视作导师的鲁迅，于是鼓足勇气给鲁迅写了一封信，陈述自己目前的苦闷和困境，说一个女子在当今的社会上是如何难以生存，她在北京已经碰了许多钉子，仍然找不到出路，希望得到先生的指引和帮助，代她设法找个工作以求果腹，哪怕做报馆或书店的印刷工人也可以。可是信如泥牛入海，杳无回音。

丁玲当初写信时，虽然满心希望能出现奇迹，但她也知道既然是奇迹就不太容易出现，所以她也不敢对鲁迅给她这样一个素昧平生的普通女孩回信抱有奢望。她以为自己对鲁迅不回信已有思想准备，可当真未收到回信时，她还是忍不住要伤心难过，她灰心透了。

故乡是游子休养的港湾。两星期后，丁玲只身南下，戚戚然回湖南去了。

鲁迅是四月三十日收到丁玲的信的，那天恰巧荆有麟造访，鲁迅便随手拿出丁玲的信问他：

"你认识这个丁玲吗？"

"不认识。"荆有麟一边接过信一边说道，突然，他惊讶地大叫起来，"哎呀，这不是化名休芸芸的沈从文的字吗？"

鲁迅一听，以为又是无聊的人的恶作剧，随口问道：

"怎么，他的字你认识？"

"当然。沈从文经常给《民众文艺周刊》投稿，我跟他熟。你看，这用硬笔写的小字，字的排列，这蓝墨水，你看这儿，这钩，这捺，没错，肯定是休芸芸的。"

鲁迅嘴上不说，心里却非常生气。

胡也频知道丁玲盼信的焦虑后，很想帮帮她的忙，便擅自以丁玲之弟的身份贸然去访鲁迅。胡也频站在周宅大门外，请周家佣人将他写着"丁玲的弟弟"字样的名片传递进去。

鲁迅接过名片一看，心想这沈从文怎么如此可厌，竟一而再，再而三地来骚扰，顿时大怒，高声对佣人喊道："就说我不在家！"

佣人走到大门外，照话直传。

胡也频在门外其实已经听见鲁迅怒气冲冲的声音，他一边接过佣人还回的名片，一边纳闷：不见就不见嘛，为什么发这么大的火呢？当下既羞且愧，转身跑了。撕碎的名片纸屑飘飘扬扬地散落在他身后的土地上。

胡也频的唐突更加深了鲁迅的误会。如果当时胡也频以真实姓名去见鲁迅，是绝对没有问题的。鲁迅对胡也频并不陌生，他们早有往来。

《民众文艺周刊》当初就是在鲁迅的支持下创刊的。鲁迅不仅将他的译作《描写劳动问题的文学》《现代文学之主潮》《北京的魅力》、杂文《战士和苍蝇》《夏三虫》《一个"罪犯"的自述》《我才知道》《忽然想到》等交给《民众文艺周刊》发表，而且一度还亲自参与该刊的编辑工作。胡也频刊登在《民众文艺周刊》上的许多诗文作品都曾经过鲁迅的修改及校阅，鲁迅那篇著名的杂文《再论雷峰塔的倒掉》就是他看了胡也频登在《京报副刊》上的一篇通讯稿《雷峰塔倒掉的原因》而引发的。

胡也频与鲁迅见面也不止一次。见于《鲁迅日记》中记载的共有五次。

第一次是一九二四年十二月，北京世界语专门学校新从哈尔滨请来一位名叫绥理绥夫的世界语俄籍教授，这位教授很景仰鲁迅，通过荆有麟约见鲁迅。荆有麟便在东安市场的一家饭馆设宴，让鲁迅与绥理绥夫会面，胡也频作为陪同参加了宴会。

次年年初，胡也频临赴山东烟台，在荆有麟的陪伴下，去向鲁迅辞行；回北京后，又登鲁迅门告归；就在他自称丁玲之弟之前没几天，他还去过鲁迅府上。

可是现在这么一来，尽管他只是出于年轻人的调皮，尽管鲁迅也不知道是他胡也频，可是他却再也不好意思去见鲁迅了。

更主要的是沈从文莫名其妙地被卷入一场是非中，当他听说了鲁迅关于自己的谈话和信件的内容后，自尊心受到很大伤害，以致终生不愿与鲁迅见面和交往。

很快，荆有麟就从胡也频那里知道了确有丁玲其人，他立即将此告知鲁迅。鲁迅听了不无歉意地说：

　　"那么，我又失败了。既然不是休芸芸的鬼，她又赶着回湖南老家，那一定是在北京生活不下去了。青年人是大半不愿回老家的，她竟回老家，可见是抱着痛苦回去的。她那封信，我没有回她，倒觉得不舒服。"

　　胡也频在给丁玲送花之后，就一直在焦虑中等待她的回音，没想到等来的竟是她不辞而别的消息。情急中，他再也顾不得矜持与自尊，再也按捺不住那颗已被爱情驱动的心，他追循着丁玲的足迹而去……

　　这天，丁玲正待在她母亲的学校里信手拨弄着一架琵琶，学校已放暑假，作为校舍的庙宇显得异常空寂。忽听大门咣咣直响，丁玲与母亲不约而同地走过去。门开处，母女俩都愣住了。门口立着一位青年，他身着一袭月白长衫，蓬乱的头发因蓄了过多的尘土而显得灰枯，脸上有汗液留下的痕迹，还有眉宇间藏不住的疲惫……

　　"胡也频？"丁玲简直不敢相信自己的眼睛。

　　胡也频一见丁玲，眼睛立刻亮了，刚要笑，转眼笑容变成了不好意思，他下意识地扭过头去看身后的人力车夫，原来他连车钱也没有了。

从此，常德的山水林道，到处留下他俩的身影和足迹。她跟他谈她的家族、她的母亲，他同样告诉她他的家世、他的经历。两颗心在不知不觉中贴近了。

"你知道吗？我为你去找过鲁迅先生。"他说。

"真的？他怎么说？"她的眼睛又大又亮。

他有些不好意思地说："他没让见。"

"为什么？怎么回事？你说详细了。"

他说了一遍。

"你干吗要这样做？不是胡闹吗？"她生气了。

"你不理解我，我不是开玩笑。在我的心里，我早已把你看作了我的姐姐，我是你的弟弟，你难道不愿意我做你的弟弟吗？"他动了情。

她被感动了。他叩开了她的心扉。

夏日转瞬即逝，她和他就在收获的季节来临之际离开了常德，双双回到京城，在北京西山碧云寺下一个村子里衔泥筑起了爱巢。

婚后的生活甜蜜而又清苦。白日再苦，可一想到这苦的尽头是温柔的夜色，那苦味就淡了许多；温柔乡中，稍一念及晨曦过后是山一般的生活重负，那甜味又减了几分。

　　丁玲在读书之余，不得不近庖厨、亲女红，于案牍劳形之外，则频频出入当铺典行。就这样两人还是养不活自己，得靠丁玲的母亲"救济"。可窘困的生活没能压垮他们，是爱情的力量在支撑着他们。爱情之树在苦难困厄的土壤里倒常常生长得分外葱郁。

处女作是叶圣陶发的

　　一九二六年年初，著名戏剧家洪深把电影从上海首次引进京华，电影这一崭新的艺术形式立刻勾住了北京人的视线乃至神魂。丁玲正为寻找出路焦虑不堪，看了电影，竟被迷住了，当即决定要去当一名演员，她以为找到了自己的路。

　　"你不能去当演员！"

　　没想到也频却极力反对。

　　"你可以住在北京写你的诗，我的事你管不着！"丁玲气势汹汹地说。

　　"你还想当明星？"

　　"当明星有什么不好，我还想当著名的明星，你等着看吧！"

　　情侣间拌嘴，外人永远辨不清是斗气还是逗着玩。

但丁玲对当演员的事的确是认真的。她给洪深写信，给他打电话，乃至登门拜访，终于感动洪深，同意为她引荐。

不久，丁玲即手持洪深写的一纸介绍信，也不与胡也频辞别，只身一人往中国电影的发源地上海去了。

凭着洪深的介绍，她进了明星电影公司。试了两回戏，并不成功，听了别人的议论，心里更不是滋味，隐约有了电影圈不是她待的地方的感觉，待到公司要与她签约时，她便拒绝了。

可是心仍有所不甘，于是她转换门庭，去拜见上海大学的老师、南国电影剧社的创始人田汉，想当戏剧演员。可是她甫一入围，即又觉极不适应，看不惯又无法容忍，试演也失败了。

当初带着一个希望而来，如今却要挟着双倍的失望归去，丁玲的心情糟透了。虽然胡也频已追踪来沪伴在身边，且不再阻挠她的想法，但他帮不了她的忙。

黯然回到北京。

一切依旧。种种努力都像在画圈，转来转去都突不破那个圆，那个圆像个零，一切又都从零开始。

早在两年前，胡也频、沈从文、丁玲他们三个常常在一起幻想有一天要自己办个刊物。每当这时，丁玲总说：

"先生们，别把我拉进去，我不写文章。你们要我来，我就当校对，因为可以先睹为快。"

"没有你我们办不下去。"沈从文说得恳切。

"有了我就办得下去吗？我又不会写什么，派我充一角有什么用处？"

"用你写情书的那支笔来写……"胡也频嘻嘻笑着调侃，一边冲着沈从文扮鬼脸。

"得了，得了，频，你为什么造谣言？我跟你写过情书吗？不能胡说八道，这一行你们男人才是高手！"丁玲急了。

"好嘛，把我也带进去了。你可谓一石二鸟哟。"原先抱臂作壁上观的沈从文也待不住了。

胡也频仍不肯饶人："你并不写给我什么情书，但我看你那样子，是个会写情书的人，不相信只要我们一离开就可明白了。"

"你自己不害羞，我为你害羞。你们刊物我不管！"

斗嘴到这里是结束了，可类似这样的"论战"对丁玲走上写作之路也许是一种启发，丁玲悄悄地拿起了笔。

不知从何日起，丁玲的写字桌上常常有了一页两页手稿。间或有朋友来访，若是随手拿了来看，一边问"这是谁的文章？"时，丁玲就会一下飞红了脸，嗫嚅道："唉，唉，这可不行！"一边就把那几页草稿抢过去，立刻收进她那藏着信件等物的抽屉里。有时男客无意地问一句："这莫非是想做冰心第二的人写的？"丁玲总是这样说："没有的事，文章自然是你们男人做的事，女人哪里有份？"

在自谦的话语里有小小的锋芒存在。当时丁玲所写的就是她的第一部作品《梦珂》。"梦珂"是法语"我的心"的译音。像许多作家刚开始学习写作一样，《梦珂》写的是作者自己的经历，她那段演员梦幻灭的过程占了小说四分之一的篇幅。梦珂是一个富有正义感的纯真女学生，因为对红鼻子教员侮辱模特儿表示愤慨，不得不离开了学校，而后在姨妈家寄住。有着新思想的梦珂想与表哥自由恋爱，可是从法国留学回来的表哥不过是一个穿西装的封建公子哥，他视恋爱为儿戏，不是自由恋爱，而在自由乱爱，把梦珂当作玩物与赌注。梦珂的自由恋爱的理想幻灭了，她终于离家出走。她到剧社做了一名演员，可是那里的环境更糟，她从精神到肉体都受到更大的凌辱。就这样，一个正直纯真的青年被封建社会一口口吞噬了。作品表现出作者对女主人公命运的深切同情，以及对封建社会的强烈不满。

丁玲将《梦珂》投寄给《小说月报》，作品起先被一个编辑丢弃于废稿堆里，后来主编叶圣陶在整理旧稿时发现了它。他慧眼识珠，将《梦珂》润色后发表在《小说月报》第十八卷十二号上，还放在了头版的位置。

本来丁玲是具备文学创作的基本素质的。首先，她的母亲就是一位受过良好教育的才女，丁玲很小的时候从她那里听到的历史故事，不啻是一种文学的启蒙；她长到十来岁时，已经读了很多中国古典小说，像《红楼梦》，她熟到不仅能背诵一百二十回的题目，而且能记得全书内容！

那个时期，她一放学，便在舅舅的书架上找本书，一个人在后园读。就这样，她消耗了一个又一个寂寞的下午和夜晚，将舅舅所藏的旧小说几乎全部看完了。而后她又开始泛读英国文学，对英国批判现实主义作家狄更斯的小说尤其着迷，日日与伯爵、侯爵、姑妈、姨母以及少儿幼女徜徉在伦敦的街头，领略那里的浓雾、春雨，与书中人物一同过着温柔或艰难的生活。继而她的阅读范围又扩大到法国、德国、俄国……

虽然早在她上中学时，她的作文就得到过国文教员的赞赏，还曾把她写的一首白话诗推荐给一家刊物，但丁玲对文学创作总是提不起劲来。她对中国新文学史上第一本白话诗集、胡适所著的《尝试集》的兴趣还不如《民国日报》副刊《觉悟》上的文章；郭沫若的诗集《女神》当时在校园里也很轰动，同学们都争相传阅，可是丁玲对它没有过多的热情。她头脑中想的是到哪里去学一些比文学更切实有用的学问，所以才跟着王剑虹到上海去了。

可是，在她在社会上闯荡一番接连不顺并且仍然看不到前途以后，在她有了一些阅历因而有了一些委屈更有了一些愤懑并且有了呐喊的冲动以后，恰恰又处在一班多是会写作的朋友中间，甚至连身边的爱人都是写诗的，于是她自然而然地拿起了笔。而处女作的成功出乎意料，给了她莫大的鼓舞，她便乘兴又创作了一篇短篇小说，仍然投给《小说月报》，叶圣陶把它安排在第十九卷二号头版上。

此篇作品一经刊出，立刻轰动了文坛。丁玲由此一鸣惊人。这篇给她带来巨大声誉的小说就是《莎菲女士的日记》。

莎菲女士震动文坛

今天又刮风！天还没亮，就被风刮醒了。伙计又跑进来生火炉。我知道，这是怎样都不能再睡得着了的。我也知道，不起来，便会头昏，睡在被窝里是太爱想到一些奇奇怪怪的事上去……

太阳照到纸窗上时，我是在煨第三次的牛奶。昨天煨了四次。次数虽煨得多，却不定是要吃，这只不过是一个人在刮风天为免除烦恼的养气法子……

报来了，便看报，顺着次序看那大号字标题的国内新闻，然后又看国外要闻，本埠琐闻……把教育界，党化教育，经济界，九六公债盘价……全看完，还要再去温习一次昨天前天已看熟了的那些招男女，编级新生的广告，那些为分家起诉的启事，连那些什么六〇六，百零机，美容药水，开明戏，真光电影……都熟习了过后才懒懒的丢开报纸……

报看完，想不出能找点什么事做，只好一人坐在火炉旁生气。气的事，也是天天气惯了的……

《莎菲女士的日记》便这样开了头，一个终日无所事事、百无聊赖、生着肺病、喜怒无常、精神颓废的青年女性就这样上场了。小说采用的是日记体，主要人物有三个，莎菲、苇弟和凌吉士。苇弟是一个诚实又笨拙、善良而懦弱的男青年。凌吉士出身高贵，少年英俊，但在"嫩玫瑰般的脸庞"和潇洒的风度下，藏着一副"卑劣的灵魂"。

小说没什么情节。苇弟挚爱莎菲，但不懂得莎菲；莎菲不爱苇弟，但可怜他。苇弟在眼前时，她嫌他烦，他不在时，她又觉寂寞。聊胜于无，在感情上她不接受他，但在生活中她又需要他。凌吉士是后来者，莎菲对他一见钟情，及至发现他内心的卑污后，她开始鄙视他，想忘了他、丢开他，可是她又做不到，于是陷于深深的矛盾中。莎菲长期处于病痛折磨和生活空虚中，心理难免变态，行为自然乖戾，对爱情的追求当然是发自内心的，可也免不了玩一些感情游戏。

《莎菲女士的日记》一经面世，即如同在死寂的文坛上抛下一颗炸弹一样，在文艺界引起了强烈的震动。社会知名批评家及作家纷纷撰文予以评论，对作品表现出极大的热情，但对作品主人公的臧否却分歧很大。

持否定态度的人这样说，莎菲是一个可怕的虚无主义的个人主义者。她说谎，欺骗、玩弄男性，以别人的痛苦为快乐，以自己的生命当玩具。又说，莎菲是一个自我中心论者，她既苦闷又残忍，既无耻又虚伪，她没有理想，没有精神生活，是一个女性病态心理的厌世主义者。

持肯定态度的人却这样说，莎菲是一个新的女性，是封建社会的叛逆者，她蔑视礼教，追求自由和个性解放，没有封建女性的虚情假意、矫揉造作，而是孤傲矜持，愤世嫉俗，敢于反抗封建社会。

若单纯来看莎菲，不能说批评莎菲的话说得不对，但他们看到的只是表面。莎菲精神上的种种变态、生活中的种种乖戾，在很大程度上，不是她个人的问题，而是带着时代的特征的。换句话说，莎菲的思想与行为是时代造成的。作品的意义也由此而出：作者通过对一个病态人物的描绘，使读者看到了社会的种种腐朽、黑暗和弊病。批判社会，这正是丁玲的出手不凡之处。

丁玲因《莎菲女士的日记》而一举成名，《莎菲女士的日记》的轰动也使丁玲对文学创作热情大增。一九二八年的春天，丁玲与胡也频从北京来到上海，在那里专事写作。

不久，上海《中央日报》主编彭学沛想要给报纸新辟个副刊，他曾是《现代评论》的编辑，在北京时与胡也频相熟，便邀请胡也频编那个副刊，胡也频同意了，这样每月可得七八十元的编辑费与稿费。当时沈从文也已从北京来到上海，胡也频便与他及丁玲商量，给副刊定名为《红与黑》。

这名字并非受法国文豪司汤达同名作品的启发，而是来自湖南湘西的一句土话，比如"红黑要吃饭的"！红黑的含义类于"横竖""左右"或"无论怎样总得"等意思。

胡也频在《中央日报》副刊只干了一个多月便辞去了这份工作，但是由此却使他早存于心中的自己编辑出版物的想法又复活了。跟丁玲与沈从文一说，自然"一致通过"。

出版业的形势以及胡也频父亲的上海之行促成了丁玲他们梦想成真。

一方面，由于北新书局的营业颇为红火，引起了其他人的眼红，一时间，新开书店如雨后春笋。现代、春潮、复旦、水沫、开明、华通、金屋、新月等相继而出，令人目不暇接，丁玲他们的作品有了更多的出路。另一方面，书店付给作家的稿酬却非常微薄，千字的稿费仅一块钱，十万字左右的集子稿费不过百元，这使丁玲常常感到很憋气，加上在与编辑的信来稿往中，又多欠了编辑一份人情债。

胡也频的父亲到上海来了，怀揣着卖房子的一千块钱，准备到小有天菜馆投资入股。胡也频便跟父亲商量借这一千元钱用来开书店，讲明三分利息。父亲拗不过儿子，最后同意了。

就这样，"红黑出版社"终于诞生了。出于生活、工作、经济种种考虑，丁、胡、沈三人共同租赁下萨坡赛路二〇四号（今淡水路二六八弄八号），同时推出两种杂志，一是《红黑》，一是《人间》，均为月刊。前者由胡也频负责，后者由丁玲与沈从文承担。同时他们还出版了"二百零四号丛书"。

《红黑》第一期印行后，他们怀着忐忑不安的心情一同赶到书店比较集中的四马路和北四川路去察看杂志的销售情况，从一家书店走到另一家书店，不知是由于害羞抑或兴奋，每个人的脸都是红扑扑的。

　　《红黑》第一期获得很大成功，上海本埠一星期就卖去将近一千份，各地的朋友纷纷来信夸他们刊物办得好，给了很多鼓励，又表示愿意帮忙。他们三个信心十足，感到前途一片光明。

　　杂志事务使他们变得十分忙碌。最忙的是胡也频。三人中他出道最早，编辑工作自然是他挑大梁；生活中他又最有热情、最有干劲、最有交际能力，所以联系印刷也多由他跑路，甚至送稿、算账、购买纸张及接洽书店也由他管。丁玲与沈从文的工作是把印好的成品分派到各销售点，以及办理邮寄等。

　　虽然三人忙得不亦乐乎，但杂志仍很快便出现了难以为继的危机。到了四月份，他们不得不牺牲《人间》以便集中资金来保全《红黑》，即使如此，《红黑》出到第八期时，他们便不得不深怀遗憾地关门了事。

　　书店倒闭，经济状况固然是主要原因，但也并非是唯一的原因。

丁玲回忆说："刊物停办的另一个原因，是沈从文跟我们的思想碰不拢来。这时胡也频'左'倾了，他读了卢那察尔斯基、普列汉诺夫的书……在北京时沈从文是向胡适靠；胡也频向鲁迅靠；至于我，思想上还是要革命的，但没有适当的环境条件，没有朋友，感到很苦闷。我很少和沈从文谈革命方面的事，因此沈从文没法写我在上海平民女校、上海大学的情况，因为我不大和他讲。"

尽管如此，经济问题毕竟是书店倒闭的主要原因。清算结果，三个人这大半年的努力不仅一分未赚，反将胡父那一千元也赔了进去。书店关门，却不能大吉，还得费神劳力还债。于是，沈从文去吴淞中国公学教书，胡也频则由陆侃如、冯沅君夫妇介绍，去山东济南高级中学任教。

突然袭来的灾难

胡也频去济南两个月后，丁玲也去了济南，才一个月，胡也频便因宣传马列主义、组织学生搞政治活动被国民党当局通缉，幸好事先得到消息，丁玲与胡也频逃离济南，辗转回到了上海。

一九三〇年十一月七号这一天，正是十月革命节，丁玲待产住进了医院。次日，天降暴雨，仿佛在兆示着一个新生命的诞生。上午九十点钟，胡也频匆匆赶到产房。

"情况怎么样？你还好吧？"他一脸的热切。

"还好，大概快了。你怎么才来呀？"丁玲语气中略含埋怨，看了他一眼又道，"又是一夜没睡是不是？"

"你怎么看出来啦？"胡也频显得精神很好。

"你对着镜子照照自己的眼睛。做什么的呀？还是在改《光明在我们的前面》吗？"

《光明在我们的前面》是胡也频平生最后一部中篇小说。

胡也频兴奋地直点头："是的，已经全完成了。你说，'光明不是在我们的前面'吗？"

中午时分，丁玲顺利地分娩了一个男婴。胡也频激动难抑，伏在床沿哭了。儿子的名字是外祖母起的，叫祖麟。下午胡也频因要去参加左联全体大会，恋恋不舍而又匆匆忙忙地离开了医院。在这次大会上，胡也频当选为左联出席全国苏维埃区域代表大会的代表，对他来说，真可谓双喜临门。当第二天胡也频把喜讯告诉丁玲时，这回轮到她激动得哭了。可他们没有料到，一个灭顶之灾正向他们突然袭来。

两个月后的一天中午，胡也频来到沈从文的住处，诉苦说打算搬家，却到处借不到一文钱。偏偏房东的小儿子又死了，总得送一点礼。他说想送一副挽联，要沈从文想词，下午去帮他写。沈从文答应了。十二点半两人一同出门，沈从文见胡也频衣着单薄，便把自己的一件刚做好的海虎绒棉袍让他穿上。他俩从四川路向南走，快走到惠罗公司时，胡也频说要到先施公司去买做挽联的白布，便分手了。

　　下午沈从文办完了事，便去万宜坊丁玲家，可胡也频尚未回来；晚上再去，胡也频仍旧未归。沈从文觉着有些蹊跷，但总以为他临时被什么事绊住了。翌日晨，沈从文又找上门去，可是胡也频还是没回来。

　　胡也频再也没有回家。

　　一九三一年一月七日，中国共产党六届四中全会召开了。大会由第三国际东方部部长、莫斯科东方大学校长米夫主持。会上，米夫强行改组了党中央领导机构，将王明安在中央领导的交椅上，并且作为对反对者的惩罚，米夫、王明开除了罗章龙等一批人的党籍。于是，罗章龙、史文彬、何孟雄、李求实等人联合筹备，在上海东方饭店召开会议，商讨反对米夫、王明的做法及其路线的措施。参加东方饭店会议的有全总、铁总、海总、上总、上海、江苏及苏区等各方面的代表。

　　"你看要不要请柔石、胡也频他们来参加会议？"负责文化方面工作的李求实请示罗章龙。

　　"好吧。"罗章龙表示同意。

　　胡也频与沈从文分手后，进店买好了白布，便径直往东方饭店参加由中共江苏省委负责人何孟雄主持的会议。

一时四十分。胡也频与柔石、殷夫、冯铿等八人正聚在东方饭店三十一号房内商议事情，突然房门被打开了。胡也频等面对的是一群荷枪实弹的巡警。

次日晨，守候在该房间的巡警又捕获了李求实等三人。与此同时，巡警们在中山旅社及其他多处秘密机关中大肆搜捕共产党人，共逮捕了三十多人。

敌人行动如此准确，不得不令人怀疑是党内出了叛徒。可究竟是谁呢？

比较集中的有三种说法。

一说为何孟雄的干儿子所出卖。持这种说法的主要是王明等人。

二说是顾顺章打电话向国民党工部局告的密。此说不确，因为三个多月后，也即四月下旬顾顺章被国民党逮捕才叛变。

三说是一个叫唐虞的莫斯科东方大学学生向特务通的情报。唐虞与王明关系密切。有人由此认为是王明为打击反对派而借刀杀人。

一月十九日，星期一。

国民党江苏高等法院第二分院开庭，对胡也频等二三十人进行审判。出庭的辩护律师仅一人，叫张横海。

法官宣读了被告姓名及罪状后，龙华警备司令部派去的人立即提出要求，要把全部案犯引渡到龙华去。张横海依法提出抗议。因为根据法律，凡在租界内发生的案件均应由地方法院审讯处理，不得任意引渡。

在警备司令部代表的强硬态度面前，张律师的抗议显得软弱无力，法官又怎敢不从？尽管被告高呼"反对无理引渡"的口号，他们还是被押上囚车，解往龙华监狱去了。

胡也频被捕的当天深夜，沈从文刚从丁玲那里回到住处，他脱下大衣，觉得十分疲惫，突然响起一阵叩门声。这么晚了，会是谁呢？沈从文边猜度边去开门。

门开处，是一个衣衫褴褛的老头，不认识。

"你找谁？"沈从文以为他走错了门，或是要饭的——没见过叫花子半夜里要饭的，沈从文说着想着就要准备关门。

"侬阿是沈先生？"老头用手抵住门，急忙问道。

"你是谁？"沈从文好生奇怪。

"阿拉是老闸捕房管监格，侬格朋友胡先生托阿拉送封信拨侬。"

老头一口上海话，递过一方纸片。

黄色粗纸上是铅笔写的字。沈从文一看，的确是胡也频的笔迹——

我因随朋友去东方饭店看朋友，被误会，请赶快与胡先生商量，保我出来。

沈从文知道"胡先生"指的是胡适。

打发走了送信人，沈从文和衣躺在床上，灭了灯，双手交叉枕在脑后，两眼直直地盯着天花板，一动不动，许久许久……

这一晚，丁玲同样是在焦虑不堪中度过的。天刚黑，就起风了。恼人的风，吹得她心乱如麻。电灯亮了起来，把人儿物什的阴影打在墙上，衬得四周鬼影绰绰的。丁玲慌得赶紧冲出门去。

残冬的夜晚，寒风刺骨，马路上空无一人。丁玲在大街上像是避鬼又像是驱寒似的漫无目的地狂奔了一阵。慢慢地，恢复了理智，她想到了好友姚蓬子。

姚蓬子长丁玲十多岁，原名方仁，后改名杉尊，笔名有丁爱、姚梦生等，浙江诸暨人，一九二七年由潘汉年介绍加入共产党，为左联发起人之一，丁玲和胡也频参加左联，就是潘汉年和姚蓬子介绍的。丁玲与姚蓬子相识于两年前，是在施蛰存与陈慧华的婚礼上，诗人戴望舒把姚蓬子介绍给他们的。婚礼结束后，他们又乘同一班火车回上海，此后便开始了交往，成了亲密的朋友。一九三〇年五月，胡也频在济南从事革命活动遭当局通缉而与丁玲双双逃回上海时，最先来探望他们并给予可贵帮助的便是潘汉年和姚蓬子。

丁玲气喘吁吁地到了姚蓬子的家里，她竭力想镇静下来，但是在老朋友面前，仍无法完全掩饰住仓皇的神色。

姚蓬子见丁玲如此，感到很奇怪，他还以为又是小夫妻俩闹了什么矛盾，丁玲气跑出来了。

"你今天看见也频了吗？"丁玲劈头便这样问他。

姚蓬子立时感到事情没他想的这么简单，心里隐隐约约有了一种说不出的不安，遂问道：

"怎么了？坐下来，慢慢地说。"

丁玲顾不得坐，又问："我问你，今天你见到也频了吗？"

"上午十点钟见到的。分手的时候，也频说去找从文写字的，下午就没有再见到。"

"那一定糟了。"丁玲沉默了一会儿，又说，"蓬子，也频到此刻还没有回家，他说好中午是回去吃饭的。我怕他是出了什么事。"

"不会吧？他今天没有别的事，也没有别的地方要去，我想不至于有什么问题吧。"

两人猜测着，担心着，又互相安慰着。

"我再去问问乃超。"丁玲说着，便匆匆离去了。

冯乃超住在福煦路。冯乃超是现代象征派诗人，出身于一个华侨商人的家庭，生在日本横滨市，一九二八年加入共产党，一九三〇年参与左联筹建工作，为左联理论纲领起草人之一，任左联首任党团书记、文化总同盟党团书记。

隔着围墙，丁玲眺见冯乃超的房里透出淡淡的灯光。她去敲前门，又绕到后面敲后门，都没人应；她站在大马路上呼喊，声音刚出口即被朔风吹走、湮没了。她还想再喊，却看见冯乃超房间的灯光熄灭了，她一下呆在那里，嘴动了动，却没喊出声来，这才恍悟时间已经太晚了，她不愿太打扰人家。猛然想起祖麟一人在家，或许也频已经在家了？想到这里，她立即又疯了似的奔跑起来。

可是，回到万宜坊的家一看，她走时什么样回来还是什么样，连胡也频的影子也没有，孩子在乖乖地睡觉。她默默在床沿坐下，出神地望着熟睡中的孩子，心中一热，早有两行清泪滑过了面颊。

次日晨，天还没有大亮，丁玲又迫不及待地去了福煦路。

"乃超，你昨日看到也频没有？你知道他现在哪里吗？"丁玲一进冯乃超的家，顾不得坐下，就急急地问上了。

"没有，我不知道。"冯乃超摇摇头说道。

"那怎么办呢？你看他从昨天下午到现在一直没回来，事先也没说。是不是出事了？怎么办呢？你能不能帮我想想办法？"丁玲急道。

冯乃超没说话，默默穿上大衣，和丁玲一道出了门，来到左联党团书记冯雪峰的住处。

还是在丁玲创作《莎菲女士的日记》的时候，她和胡也频的经济状况因为作品有了出路而有了好转，于是他们打算把稿费积攒下来以备日后负笈东瀛。要去日本自然得先学日语，一位朋友为他们介绍来一位教日语的老师，老师就是冯雪峰。

冯雪峰于二十世纪二十年代以湖畔诗人出名，此时他入党不久，在北京从事党的地下工作。他的日语并非出自科班，而是两年前刚刚自学的。但他凭着自己的聪明和勤奋，自学一年后即开始翻译日文诗歌、散文、小说及一些文艺理论，后来终于成了成果颇丰的翻译家。

丁玲在跟冯雪峰学日语的同时，两人时常谈得非常投机，因为那时留在北京的"左"倾知识分子较少，他俩都因种种原因未能到火热的革命的南方去，既感到寂寞，又十分向往。特别是在国民党反共的"四一二"事变以后，经常听到一些使人沉痛的消息，他们像飘零在孤岛上的人，四望多难的祖国，心情常常处在无限的愤慨、惆怅中。所以两人一见面，大有相见恨晚之感，结果日语未能学成，他俩倒成了无所不谈的知己了。

冯雪峰刚起床，床上睡着一个刚出世不久的孩子。

"恐怕是出问题了。柔石被捕了，昨天我同捕房的人到一个书店去找了个保人，但没能把他保出来。我这儿还没有也频的消息。你也别太急，等等看再说。"冯雪峰对丁玲说道。

从冯雪峰家出来，丁玲的心情更沉重了；但因此她心里不再存有侥幸，所以反而平静了些。她知道目前最需要做的就是作好迎接厄运到来的准备。丁玲回到万宜坊，不多久，沈从文便一脸沉重地来了。

沈从文安慰地望着她，把胡也频的便笺递过去。刹那间，丁玲一切都明白了。

见了胡也频最后一面

"也频现在被关在老闸捕房，得赶紧把他保出来。"沈从文说。

"我要设法救他，我一定要把他救出来！"压抑不住的感情冲破了丁玲竭力保持的平静，她喃喃说道，"我不能没有他，我实在不能没有他；我的孩子也不能没有爸爸。"

两人相对黯然。

当天下午，李达、王会悟夫妇担心丁玲承受不了打击，便把母子俩接到他们家里去住。李达是中共的发起者之一，在一九二一年党的一大上当选为中央局宣传主任。一九二三年夏，他自湖南到上海，与陈独秀商谈国共合作问题，因主张共产党员以个人身份参加国民党、保持共产党的独立性，反对以整个团体加入国民党而与陈独秀发生了激烈的争执。回到长沙后，即愤而中断了同陈独秀主持的中央工作部的联系，随后离开了党组织。①

沈从文去找胡适帮忙，胡适为难地说：

"要保出来恐怕做不到，我们想办法吧。"

当晚，沈从文将消息告诉丁玲，并与施存统、朱谦之等人聚在李达家里商量营救的办法。大家议定请胡适、徐志摩写信给蔡元培，请蔡元培出面设法放人。

翌日，沈从文又到李达家去，递给丁玲两百元钱，告诉她，钱是郑振铎预支给她的稿费，聊解眼前的生活问题。他还告诉她，郑振铎与陈望道联名给邵力子写了封求救信，要她去找邵力子。

"你能不能走？你要不行，我去南京一趟。"沈从文自告奋勇。

"那也好。我在上海活动，也再等等也频的消息，

---

① 李达本是个学者型的人，脱党后，他便专门从事马列主义的理论研究，翻译、著述了大量有关著作，成为著名的学者。一九三二年李达到了北平，任北平大学法商学院教授兼经济系主任，还在中国大学、朝阳大学兼课。一九四九年由刘少奇介绍，重新入党。新中国成立后历任湖南大学、武汉大学校长，中科院哲学社会科学部学部委员，第一届中国哲学学会会长等。一九六六年，李达以七十六岁高龄含冤而逝。

我怕这里随时需要我。不过这样就要劳你辛苦了。"丁玲心存感激。

好在他们不是一天两日的朋友。

事不宜迟，沈从文随即赶赴南京，先后找了蔡元培和邵力子。

自一九二七年四月十八日蒋介石执掌的国民政府在南京成立以来，蔡元培一直在政府机构身居高职，历任教育行政委员会常务委员、大学院院长、国民党中央特别委员会常务委员兼国民政府常务委员、代理司法部部长、监察院院长等。但两年前他已将所兼各职一一辞去，此时只剩国立中央研究院院长一职，正处失势之时，空有名望，说话并无力量，爱莫能助。

邵力子是国民党革命委员会领导人之一。一九二〇年与陈独秀、李达等发起组织上海共产主义小组，共产党成立后，为特别党员；一九二六年作为黄埔军校代表，参加国民党第二次全国代表大会，并当选为国民党中央监察委员会委员；这年八月，在中共中央总书记陈独秀的劝说下，退出了共产党，为此陈独秀还专门为他开了个欢送会。后来他又历任国民党中央政治会议委员、国民革命军总司令部秘书长，与陈布雷、周佛海同为蒋介石起草政治文稿，应该说，他是能说上话的。可是此时他也处仕途下坡路，不久后他即到中国公学及复旦实验学校当校长去了。

"这样吧，我给上海市长张群写封信，你让丁玲拿着信去找他，怎么样？"邵力子沉吟半晌，缓缓说着，样子颇有些力不从心。

"好，好。"沈从文只管点头答应。

"不过……可能作用不大。这事恐怕得找陈立夫才行。"邵力子边折信纸塞进信封边咂嘴说道。

沈从文一筹莫展地登上了返沪的列车。

几番努力均归于无效。

丁玲不禁急了。她知道，时间拖得越长，胡也频的危险越大。

"我看还是去找找陈立夫吧，不管能不能成。有点可能，就尽力去争取。也没别的办法。我想我以一个作家的身份去求他这个宣传部长，也许他会动点恻隐之心。"沈从文说。

"也只好如此了。"丁玲勉勉强强。

沈从文偕丁玲再度赴宁，就住在时为国民党宣传部文艺处处长的左恭家里。

通过左恭的关系，沈从文见到了陈立夫。

"嗯……这事不归我管，我可以去问一问，好不好？"陈立夫婉转地说。

"还请陈部长多费心。"

沈从文看出他是在虚与委蛇。

"我老早就知道，没有希望，白跑了一趟。"在回上海的路上，丁玲反复说着这两句。

沈从文想安慰她，却又无从说起。彼此的心情是一样的。托人不行，他们又商量着求诸法律。他们去找律师，张仲石律师回答得干脆："这官司不好打。"谢绝了。也不奇怪，有哪位律师发呆去受理注定要输的官司呢？

正是寒冬将要过去那段最寒冷难耐的日子，雨雪连绵不断。

丁玲一天到晚就在这雨雪交加中为营救胡也频而奔走，拖着产后缺乏调理的孱弱的身体四处求人。她很怕留在家里，因为一停下来，就仿佛觉得胡也频没救了，而她的纷乱的思绪也仿佛随时要将她的脑壳挣裂。不停地奔走，她就会觉得希望也似乎总还存在着。

日子，就在她劳心劳力中一天天飞快地过去了。生活，仿佛有它自身的轨迹；胡也频的命运像早已被注定了似的，根本不理睬丁玲等人所做的种种努力。胡也频由老闸捕房转到了市公安局，转到了龙华司令部。

胡也频常常有信可以被带出来，丁玲的信也可以进去。当然狱中传信是要钱的。信来三块，信去五元。

胡也频的信中，显出他虽身系牢狱，但精神并没有垮，相反，倒是颇为乐观的，这固然可能是信念在起作用，也可能是因为他未想到会判死刑，他还要丁玲乐观些呢。

可是，丁玲眼见营救工作一项项宣告失败，眼见他一天天朝地狱的大门沉降，她又如何能稍微轻松乐观一下呢？

探监的日子到了。

是个寒气逼人的早晨，丁玲在沈从文的陪伴下，冒着纷纷扬扬缠人恼人的雪花，夹着胡也频需要的被子和换洗的衣物，来到龙华司令部。

在司令部冰凉的板凳上，在司令部阴森森的气氛里，他们等了一上午。看守起先只答应将被褥衣物交进去，但人不准见。丁玲与沈从文商量了半天，又请求送十元钱进去，并要求能得到一张收条。这时其他探监的人都走光了，只剩下丁玲和沈从文，看守答应了他们。

不一会儿，只听得里面一阵人声，隔着两重铁栅栏门，沈从文先看见了胡也频的身影，大概是出来领东西写收条的。丁玲的心脏剧烈地跳动起来。胡也频仍穿着沈从文的那袭海虎绒袍子，手放在衣衩里，像把袍子撩起来，免得拖地一样。原来他戴着脚镣。丁玲不顾一切地大声呼唤起来："频！频！我在这里！"

胡也频听见喊声，立刻掉过头来，很快就发现了她。丁玲紧张得连眼泪都忘了流，只把眼睛睁得死大，拼命盯住那刻骨铭心的人儿。胡也频刚张嘴想要喊什么，却过来一个狱警把他推走了。

这是她跟他见的最后一面。

他从丁玲的生活里被永远地推走了。

主编《北斗》

　　与胡也频同时被捕的人，有不少是社会各界的重要分子，所以不断有国民党"中央要人"向蒋介石说情保释。不想如此一而再，再而三，竟使蒋介石大为恼怒，于是手谕淞沪警备司令杨虎着令全部案犯立即活埋。总算司令"慈悲"，将活埋改为枪杀。

　　二月七日子夜，胡也频等二十三人被押出牢房。他们立即意识到最后的时刻到了，随即高呼起"共产党万岁"等口号，声声不绝。他们被押至司令部内一处荒地上，一声令下，机枪吐出了火舌……枪声最终淹没了口号声。附近居民自窗口目睹了这一惨烈景象后，深受刺激，竟至十多天夜不能寐。胡也频身中三弹，而"左联五烈士"中唯一的一位女性冯铿身上的弹眼竟达十三个之多。尸体被就地掘坑平土掩埋。

丁玲当时并不知道胡也频的死讯，她只感到胡也频此去凶多吉少，所以在心里悄悄地也许是在潜意识中作着忍受那最不堪忍受的事实的思想准备，尽管她又无数次地幻想着，明知无望却仍怀侥幸地期望着有一只手能把胡也频从死亡线上拉回来。

七号以后，她去龙华探监，狱方不准见。她约了常送信的一个狱卒见面。她在小茶棚子里等了一下午，那人却借故未至。敏感的丁玲立即想到，莫非也频已不在人世了？突然她感到一阵眩晕，腿发软，脚几乎要立不稳了。

沈从文把丁玲带到邵洵美处。在那里，丁玲看到了一本相片册子，里面夹着柔石、胡也频等人的相片，是入狱后拍摄的。胡也频穿着海虎绒袍，没戴眼镜。

沈从文和邵洵美也不说什么，只拿眼睛偷偷觑着丁玲。丁玲觉察到这一切所含的意思，她感到那冷黑的、铁一般的事实像一个毛竹笋，正一层一层剥去虚张声势的外壳，露出令人绝望的芯来。

一回到家，她就倒在了床上。

午夜时分，沈从文来了。仿佛他有意要在漆黑的夜里报告那黑色的噩耗。

"也频他……七号晚上……就在龙华……"沉痛使沈从文的面容扭曲，句子也说不完整了。

"嗯！你回去休息吧。我想睡了。"丁玲立时木了，呆了，说话的时候她只觉得嘴唇在机械地开合，话却好像不是她说的。说完后，便又昏昏睡去。在巨大的打击面前，她暂时丧失了一切成人的能力，好像时光倒流，又回到人生的初始状态——除了睡觉，什么也不会也不能了。

十日下午，那个常常送信的一直躲着不见她的看守终于来了。他递给她一封信。丁玲大睡初醒，许是大痛之余尚未恢复痛觉，显得颇为镇静。她故意问他：

"胡也频现在哪里？"

"嗯，他去南京了。"

"他带了铺盖没有？"

"嗯……他……你……"

看守的样子显得有些尴尬。

"请你告诉我真实情况，我老早已经知道了。"

"胡先生走时，我不当班……"

看守本来见丁玲如此镇静，就觉得有点不正常，心下颇慌，但见丁玲追问，更是慌乱，此言甫出口，即见丁玲脸色有异，就再也按捺不住心虚，等不得丁玲给小费撒腿就跑。丁玲赶忙追出去，可哪还有个影？

丁玲的目光停在了信上，是胡也频的信，是他生前写给她的最后一封信。她颤抖着双手展开信纸。周围的一切立时在她感觉里统统消失了。

年轻的妈妈：

不要担心我，这里的生活并不像你想的那么枯燥和痛苦，有许多同志在一道。他们都有着很丰富的生活经验，我天天听他们讲故事，积累了不少素材。我很想再拿起笔写些东西，我相信自己还可以写出更好的作品来。请你多寄些稿纸给我，我要写，我还可记录许多素材寄出去给你。你现在还在写吗？不要中断，要坚持下去。你不要再为我设法了，看这样子，他们不会轻易放我出去。我既不会投降，那么总会得有两三年的徒刑。坐两三年的牢，我是不怕的，我还年轻，我也不会让我的青春在牢中白白过去。不过这样就苦了你了。祖麟太小，他现在怎么样了？我很想他，替我亲亲他。你最好把孩子送回湖南，让妈妈照料，这样你的生活可少一些拖累，也可腾出时间用来写作。孩子送走了，自然会寂寞些，但能创作，会更感到充实的。你也不要脱离左联，应该靠紧他们，和大家在一起，你就不会感到孤单。你要有勇气，困难只是暂时的，会过去的。吻你。

　　　　　　　年轻的爸爸

　　丁玲看着看着，不禁泪泗飞迸。

　　丁玲的悲声引来了李达。

　　"他们杀了他！他们杀了他！"丁玲举着信，哭道，"他这封信是七号白天写的，可是就在那天晚上，他们就用魔手把那美丽的理想、年轻的生命给掐死了！他写这信时，还一点也不知道黑暗已笼罩着他，一点也不知道他生命的危殆，一点也不知道他已经只能留下这一缕高贵的感情给那年轻的妈妈了！我从这封信回溯他的一生，他的勇猛，他的坚强，他的热情，他的忘我，他是充满了力量的人啊！他找了一生，冲撞了一生，他受过多少艰难，好容易他找到了真理，他成了一个共产党员，他走上了光明大道。可是从暗处伸来了压迫，他们不准他走下去，他们不准他活……"丁玲成了泪人。

李达站在丁玲的床头，不断地劝慰她："你是有理智的，你是一个倔强的人，为什么要哭呀？"

"你不懂我的心，我实在太可怜他了。以前我一点都不懂得他，现在我懂得了，他是一个很伟大的人，但是他太可怜了！我实在为他伤心，为这样年轻有为的人伤心，我怎么能不哭？我忍不住呀！"

"你明白吗，这一切哭泣都没有用处！"

"没有用处？……"

丁玲失神地望着李达，咀嚼着他的话，想道，我该怎样呢？是的，悲痛有什么用！我要复仇！为了可怜的也频，为了和他一道死难的烈士。她擦去眼泪，站起来，抽噎着走到窗前去，她望着天，"天上是蓝粉粉的，有白云在飞逝"。

不久，丁玲从李达家里搬出，与沈从文兄妹同住。胡也频牺牲后，丁玲在上海也随时都有遭遇危险的可能，带着孩子既难有余力照料，又给她的行动带来很大不便，于是她决定把祖麟送回老家去。

阳春三月，正是春光明媚、万木复苏、生机盎然的天气，丁玲在沈从文的陪伴下，怀抱烈士遗孤，凄然踏上了回故乡的路途。

当时，国民党军队正对江西红军根据地实行军事"围剿"，路上很不安全。

丁玲与沈从文一路提心吊胆，吃过几番惊吓，混过许多关卡，终于到了家。

在常德只住了三天，丁玲即又随沈从文返回了上海。因为胡也频的死讯是瞒着丁母的，面对母亲不时的询问，丁玲几次话都冲到了嘴边，她真想在母亲的怀抱里痛哭一回，但实在不忍让母亲伤悲，不愿让她为自己担心，所以在母亲面前总是尽力做出若无其事的样子。可是一时掩藏容易，时间长了就难忍住。丁玲于是对母亲推说上海还有事情要办，便急急离开了常德。

丁玲是一九三〇年五月与胡也频一同加入左联的。胡也频出任左联执行委员兼工农兵通信运动委员会主席的职务；丁玲因怀有身孕，故仍只写她的文章，未过多参加左联的工作。

现在，胡也频殉难了，左联成了她唯一的依靠，孩子也送走了，没了牵累，她很想重振精神，迈上一条新的道路。于是她去找冯雪峰。

"我要去苏区。"丁玲径直对冯雪峰说道。

冯雪峰想了想说道："我介绍你去见张闻天同志，

你跟他谈，好吗？"

　　按约定，丁玲在兆丰公园见到了张闻天。寒暄过后，丁玲说了她的愿望：

　　"我想到苏区去，请组织上同意。我是搞创作的，我觉得只有到苏区去才有生活，在火热的生活里，才能写出革命作品。"

　　"其实在上海也可以……"

　　"上海这地方……空气太沉闷，也太令人心碎，我在这里失去了爱人……上海的街衢巷弄，到处都有也频的足迹，公园私宅，随时可见他的影子，你说，叫我现在孑然一身如何生活下去？"丁玲的眼眶湿润了。

　　张闻天也受了感染："好吧，我回去研究一下，你等消息吧。"

　　"谢谢。"丁玲含着感激的笑容道。

　　过了些日子，冯雪峰来找她谈了。

　　"你要去苏区的事，中央宣传部研究过了，觉得你还是留在上海更合适。"

　　丁玲一听，便有些不高兴地撅起了嘴。

　　冯雪峰耐心解释道："你不要这样子，也不要觉得党不理解你。其实也频不仅是你的爱人，也是我们大家的朋友，是我们党的同志，一个优秀的同志。出了这样的事，不仅仅是你小家庭的损失，也是我们党的损失，我们和你一样，都很痛心，都很难过。党不是不考虑你的想法，而是认真研究了的，只是觉得这里更需要你，也更适合你，因为有一项重要的工作非你莫属，很难另外再找到合适的人。而且，上海这地方固然使你常常难免要回忆过去，但这里的环境你熟悉，还有那么多你熟悉的朋友，从个人的感情讲，我们也希望你能留下来，党更需要你在这里战斗。"

冯雪峰语重心长一番话，说得丁玲心悦诚服。

"那么，是什么工作呢？"她问。

"中央要左联新编个杂志，作为左联的机关刊物。你知道，左联以往的《萌芽月刊》《拓荒者》《世界文化》《文化斗争》……"

"还有《巴尔底山》。"丁玲插嘴道。

"对，都被国民党查禁了。只剩了《文学导报》，但也只能秘密刊行，而且篇幅小，基本无法登创作稿，影响有限。所以党要我们再搞个刊物。现在我们这里的人有不少太红，党决定由你来当主编，这样更有利于团结一些党外的人。"

"我行吗？"

"党信任你，我们也都在你身边，可以帮你呀。"

"刊物叫什么名字？"

"北斗。"

"北——斗。我喜欢这个名字。"

"《北斗》在表面上要办得灰色一点，千万不能搞成大红，不然很快就会遭查禁的。你要掌握好。担子不轻呀。"

"我知道。"丁玲点头，"就我一人呀？你得配几个编辑给我。"

"我已经安排好了。你看姚蓬子和沈起予行吗？你负责联系作家，看稿子；就让蓬子跑印刷所，你再分些编辑工作给他做；沈起予懂日文，让他管翻译。怎么样？"

"行，没问题。"

接受任务后，丁玲即着手做《北斗》创刊的各种准备工作。

丁玲在四处约稿的同时又想到，杂志除了文章还应该有些插图才更好看。她听说鲁迅爱画，于是便通过冯雪峰跟鲁迅联系，请他帮忙。鲁迅回话，叫丁玲去他家挑选。

七月三十日下午，丁玲由冯雪峰引路，来到鲁迅的寓所，第一次见到了一直敬仰的鲁迅。可能就是因为她把鲁迅看得过于高大，所以这次会见，她给鲁迅留下的印象只是"像个孩子"。

鲁迅向丁玲推荐了一幅木刻画，是凯绥·珂勒惠支的《牺牲》，意在纪念柔石。这幅画，后来刊登在《北斗》九月二十日的创刊号上。

丁玲积极为《北斗》组稿，联系了一批当时或日后的有名作家，如鲁迅、郁达夫、茅盾、冰心、陈衡哲、凌叔华、沈从文、瞿秋白、艾青、张天翼、周扬等。值得一提的是，瞿秋白就是从给《北斗》写文章开始写杂文的，鲁迅的那篇《答北斗杂志社问》的著名文章就是为《北斗》写的，还有艾青的诗歌处女作也是发表在《北斗》之上。

丁玲在主编《北斗》的同时，还积极参加左联的各项活动。"九一八"后，上海成立了反日大同盟，丁玲与左联的其他人参加了游行示威，去包围上海市市长张群的房子，在军警的枪弹中出生入死；她参加过几次左联上街贴标语的活动，穿着皮大衣、高跟鞋，打扮成贵妇模样，为贴标语的同志放哨；她还到各大学去演讲。在中国公学的演讲中讲到胡也频时她说：

"有人说，死去了一个朋友，仿佛丁玲应该努力；也有人对我有善意的勉励。但死人的意志，只在一个人身上吗？你们都是大学生，似乎也应该负起这责任才对。"

在锥心刺骨的痛苦中，在大时代的风风雨雨里，丁玲的思想产生了飞跃，她从小资产阶级作家变为无产阶级的自觉战士。她向时任中共中央上海局文委书记的阳翰笙表明了要求入党的志愿。

三月的一天，上海南京路大三元酒家的一间雅座被一帮男女包下了。他们一会儿嘻嘻哈哈、猜拳行令，一会儿又安安静静、规规矩矩。外人没觉察出这群人与一般酒客有何不同。其实他们是清一色的中共地下党员。

桌上摆放的是美味佳肴，暗中进行的却是丁玲等人的入党仪式。

在酒气氤氲中，丁玲因为激动，满月似的脸盘红扑扑的。去年此时她凄惨地携孤返湘，今年却大不一样，心情也大不相同了。

仪式由文委负责人潘梓年主持。瞿秋白作为中央宣传部的代表出席了"酒宴"。

按照程序，丁玲先简单介绍了家世、履历，而后谈入党的认识："我受向警予同志的影响很深。早在上海念书时，因为看不惯个别党员的浮夸言行，我还不愿意入党。向警予曾跟我有过一次谈话，她一点也没有批评我，而是非常婉转地说：'你母亲是一个非凡的人，是一个有理想、有毅力的妇女，但她为环境所囿，不容易有大的作为，她是把全部希望寄托在你身上的。'我虽然知道我是我母亲精神的寄托，我那时最怕的也就是自己不替她争气，不成才，无所作为，向警予的话句句打到我的心里，但我却并没有完全接受，而是固执地要在自由的天地中飞翔，从生活实践中寻找自己的道路。自然，我并没有成功，只是在南方、北方，到处碰壁又碰壁。就在我悲苦、挣扎时，大革命又被扼杀了，在听到许多惨痛的消息的时候，最后又得到向警予光荣牺牲的噩耗。这消息像霹雳一样震惊了我孤独的灵魂，像巨石紧紧地压在我的心上。我当时虽然没有完全听取向警予对我的教育，但她的话我一直铭刻在心里。也可以说，我有今天，也是与她的教育分不开的。"

丁玲说得很动情。接着瞿秋白热情洋溢地说道：

"我认识冰之有八九年了，那时她刚踏上社会不久，到处寻找着出路，很苦闷，不知路在哪里。现在，她已经成长起来了，终于认准了共产主义这条路。这当中，当然也经历了不少挫折，也经历过一些痛苦，但结果是好的，是可喜的，这就表明挫折没有白受，痛苦也没有白吃，就像一个婴儿，一个新生命，他是怎么来的？他就是从鲜血和痛苦中诞生的嘛。冰之身上有一种很可贵的品质，就是飞蛾扑火，非死不止。贵在坚持。没有这个坚持精神，恐怕冰之今天不会坐在这里。"

　　丁玲的入党介绍人是阳翰笙。

　　丁玲入党前，就已是左联的组织部部长，是六个执行常委之一，这年年底她又继阿英之后担任了左联党团书记。

　　《北斗》开始两期表面还挺灰的，可是渐渐地就裹不住而泛出了红色，《北斗》的命运很快也就定了。七月，《北斗》在出了第二卷三、四期合刊后，就被国民党查封了。

被中统秘密绑架

……这是一个陌生人，我一点也不了解他。他用一种平稳的生活态度来帮助我。他没有热，也没有光，也不能吸引我，但他不吓唬我，不惊动我。他是一个独身汉，没有恋爱过，他只是平平静静地工作。

……他天天写一点稿子，也翻译一点稿子，把通讯稿打字、印刷，然后一一拿出去付邮。他不爱多说话，也不恭维人。因为从事秘密工作，为了迷惑敌人，他穿戴整齐，腋下常常夹几张外文报纸。他没有傲气，也不自卑。他常常来看我，讲一点他知道的国际国内的红色新闻给我听。因为我平日很少注意这些事，听到时觉得新鲜。有时他陪我去看水灾后逃离灾区的难民，他为通讯社采访消息；我也得到一点素材，就写进小说里去。我没有感到有一个陌生人在我屋里，他不妨碍我，看见我在写文章，他就走了。我肚子饿了，他买一些菜、面包来，帮我做一顿简单的饭。慢慢生活下来，我能容忍有这样一个人。（丁玲《魍魉世界——南京囚居回忆》）

这是丁玲描写的一位地下党同志，名叫冯达。丁玲与他认识时，他正担任美国进步女作家史沫特莱的私人秘书，他是左翼社会科学家联盟成员。丁玲不只是"能容忍有这样一个人"在身边，而是从感情上接受了他。

冯达于一九三一年秋天一度搬至丁玲住处的后楼的亭子间住下，十一月份和丁玲一起搬到善钟路，租住沈起予家二楼。"一·二八"事变后，为安全起见，她和他搬出了善钟路。此后一段日子，他们居无定所，直到一九三三年冬春之际，才在昆山花园路安家。可是他们在那里也仅仅居住了三个月就先后被捕了。

被捕前，冯达身兼党的新闻通讯工作，后又调至中共江苏省委，负责《真话报》的工作。丁玲则仍主编《北斗》杂志。他们的家成了党的秘密机关。

五月十三日晚上，丁玲一人在家里坐在灯下看书，她不时地抬起头望望窗外墨蓝的天空，又下意识地看看饭桌上给冯达留的饭菜，盼着他早点回来，虽然他们彼此不按时回家是常事，但还是忍不住要担心。

　　晚上九点，冯达急匆匆地推门进来了。丁玲赶忙上前去接他正在脱的外衣，发现他有些气喘。

　　"干吗走这么急？在外面吃过了没有？"

　　"啊，还没有。"他说着，一边在桌边坐下，眼睛从桌上移至她的脸上，问道，"你吃了吗？"

　　"吃过了，老等你不回来。你吃吧。"她翻开倒扣着的碗碟，又问，"你到哪儿去啦？"

　　"唉，我去看报社的两个通讯员，住一起的。他俩住的亭子间有个窗户对着弄堂，我在他们窗下叫了几声，听到屋里脚步声很杂，灯像被人撞着似的晃来晃去的，我看情形有些不对，赶忙掉头就走。上马路后，就近跳上一辆电车，中间又换了几次车，我想大概不会再有人盯梢了，才往家赶。到了门口，我把钥匙往锁孔里插的时候，偶尔一回头，看见马路对面好像有个人影一闪，看来我们这里也可能要出问题，今后还得小心些。"

次日早晨，冯达对丁玲说道："玲，我还是想去看看昨晚的那两个同志，放不下心来。不然他们的组织关系便要丢了。"

"会不会有危险？"丁玲担心地看着他，"有没有其他办法与他们联系？"

冯达想了想，摇了摇头说："我想一般问题不大。"他脸上掠过一丝自嘲："也许我是过敏了。"

"那你可要当心点。"丁玲说，"今儿上午我也要去正风文学院参加一个文艺小组会……这样吧，不管事情完没完，我们俩都一定在中午十二点前回家，这样就知道有没有出事，好不好？"

"嗯。还有，到时候如果一人真的未回，另一个就立即离开家，并设法通知组织和其他同志。"冯达说道。

八点不到，他俩各自出门了。

十一时半，丁玲回到家里，冯达不在！她心里禁不住咯噔了一下，但随即又侥幸地想，他或是事情尚未办完吧，她又看了看钟，还有半个小时呢。

丁玲努力平抑自己的急躁不安，刚在床头坐下，又想站起来……

十分钟过去了……又过去了十分钟，她突然听见楼梯上有响声，转眼已到了门口，她忙不迭地去拉门……

是潘梓年。

她太紧张了，以至于连是不是丈夫的脚步声都没听出来。她猛一见潘梓年，先愣了，缓过神后有些尴尬地笑着把潘梓年请进来，并随即向他报告了情况。

潘梓年一九三〇年起任左翼文化总同盟书记，一九三二年后为中共江苏省委机关报《真话报》总编辑。他听她说完后并未有何表示，不慌不忙地随手拿起桌上的一份《社会新闻》，在长沙发上坐下，独自看起来。

丁玲急了，眼见分针与时针只剩下一格就要重合了；她想走，可看到潘梓年那样，也不好开口催，她真是心乱如麻，如坐针毡。

怎么办？怎么办？……

"当……"时钟无情地敲响了。丁玲感到那钟锤正砸在自己的心坎上，她几乎是受惊地跳了起来。

就在这时，楼梯上响起了一阵杂乱的脚步声，急促的敲门声随即响了。丁玲立即去开门。

在她面前迎门而立的是一个大个子，他身着灰色西服，左手拎着一个公文包，右手握着手枪。他叫马绍武。

马绍武绰号"马大麻子"，是国民党中央组织部调查科上海区区长、上海市公安局督察处特务部督察员。在他的身后，还站着两个随从。

丁玲脸白了。她知道当初担心的事终于还是发生了!

三四分钟后，又进来两个人，其中一个对丁玲笑了一下。丁玲猛然记起他叫胡雷，曾在《真话报》工作，三年前他作为《真话报》的记者去访问过丁玲和胡也频，还约他们去参加过《真话报》的读者座谈会。

"叛徒!"丁玲在心里恨恨地骂道，"难道是他出卖的我们? 可是他不知道我们现在的住址呀……冯达现在还没回来，莫非……"她不敢再往下想了。这时，她已从当初的惊慌中镇静下来。从门外又走进三个人来，一个熟悉的身影撞入她的眼帘，她呆住了。

是冯达。

丁玲两眼直直地盯着冯达，愤怒、悲哀、绝望……种种感觉一齐涌上心头。

冯达在两名特工的押解下，低垂着脑袋，踌躇地迈进了家门，正迎上丁玲怒视的目光，他这一惊非同小可。

"怎么你没走？为什么你到时间了不走？"他的眼睛在说，"唉！我害了你了！"想到这里，他满脸羞愧地低下了头，再也没有勇气抬起来。

丁玲、冯达及潘梓年在一群特工的簇拥下下了楼，被推进事先停在路边的一辆汽车里，汽车立即启动了。

汽车在黄浦江边十六铺南头的一家旅馆前刹住。马上就有几个特工上来，把丁玲三人押进旅馆，丁玲与冯达被关在一间房里。

"真看不出你是一个朝秦暮楚的人，哪里会想到是你把我出卖了！"门一关上，丁玲便责骂冯达道。

冯达连忙声辩道："不是我，你能听我解释吗？"

丁玲立刻打断了他："还有什么好解释的！事情不是明摆着的！我们家的地址是你说出来的。只有你！你不必解释，我不相信你！"

"昨晚就有人盯我梢，我们的房子已先被他们注意了！"冯达仍连声解释。

可是丁玲不愿听，她不相信他。

丁玲和冯达争吵声音越来越高……马绍武推门进来了，他劝丁玲道："不要生气！有话可以慢慢讲嘛！"

丁玲知道他在门口偷听了她和冯达的讲话，气得一扭身以背对他，旋即又转过脸来气呼呼地对马绍武说："把我们分开！"

"不要这样，不要这样。"马绍武一点都不气，仍不紧不慢，甚至带着些微笑说，"夫妻嘛，干吗像仇敌一样呢？"

这话正刺在丁玲的痛处，她觉得他的笑容里充满了嘲讽，她刚要说"我不跟这个叛徒在一起"，突然想到马绍武也是这一类人，出口的话变成了："我跟他不是夫妻！"马绍武又意味深长地笑了。一时间，三人都默然坐着。

门开处，走进来一个身着短衣的特工，恭敬地对马绍武弯身点头，马绍武"嗯"了一声站了起来。

"请二位换个房间。"马绍武说着伸手做了个"请"的动作。

这是一间较大的客房。房间里坐着七八个汉子，一律短衣打扮，见丁玲他们进来，其中有几个站起来让座。丁玲不理会他们，在床上坐下了。

有人送午饭来，丁玲不吃，耳听着特工们吃得稀里哗啦的声音，只觉得厌烦无比。"能逃出去吗？"她在心里问自己。

　　第二天清晨，丁玲和冯达被秘密送上开往南京的火车，坐二等软座。丁玲被特工们包围着，无法与其他乘客接近。

　　丁玲在车厢里木然呆坐，闲得无聊，便掏出香烟来吸。她划着一根火柴，点燃烟，吹灭了火苗，却舍不得立即丢弃那火柴梗，只把它捏在两指间来回细打量——苦闲中的人会放大平日里不被注意的细枝末节，会从平日里一切无聊琐碎的事情中寻出趣味和意义——这火柴头不知是什么做的，有点像我们湖南人的性格，一碰就着，是火药吧？可是它为什么不会爆炸呢？烧过后颜色也变了，由红色变成了黑色，像马绍武、冯达这些人，原来是共产党员，现在却投到国民党那边去了。火柴的一生何其短暂，它的辉煌也就在那燃烧的一刻，它多么像人的生命，像我……我会像它一样吗？我的生命之火会很快就熄灭吗？前途是只有灰烬吗？我若被秘密处死，恐怕都没人知道，丁玲失踪案便成了千古之谜……

　　丁玲胡思乱想着，又把火柴头在指间慢慢碾碎，望着纷纷落下的炭灰，她猛然灵机一动。

　　"我要去厕所！"她对看守说道。

没理由不同意，一个看守站了起来，示意丁玲在头里走，他跟着。

走到厕所门边他没法再跟了，只得站住。"吧嗒"，丁玲将门锁上。

丁玲迅即从衣袋里掏出火柴，又掏出纸片。她划着一根火柴，随即吹灭，就着火柴头的炭黑在纸上给叶圣陶草草写了几个字：

圣陶：我被绑架到南京。

冰

她又在另一张纸上写了一句话：

过路仁人君子：请你将拾到的信寄到上海开明书店叶圣陶收。钱归你。

她用去了好几根火柴，刚把火柴盒揣回兜里，突然响起几声敲门声，把精神高度紧张的她吓了一跳。只听到门外人喊：

"好了没有？怎么这么久？"

她一边答应着，一边连忙扯出手绢，包上纸条短笺和四元钱，扎上系紧，从没底的便池中丢了出去。她调整了一下情绪，然后开了门。

丁玲运气不佳，那封信不了了之。

回到座位后，丁玲心里安稳了些，好像捞到一根救命的稻草，虽然不一定能解除危险，毕竟有了一线希望。

中午时分，火车野狼般嗥叫两声，减缓速度，徐徐开进了南京站。

下车后，丁玲立即被一大群人围观，他们自然不是来欢迎她的，她觉得在他们好奇的目光里，她成了动物园里的猴子。她愤怒，却也无奈。好在执行秘密公务的人也不会让她在这种场合久待，他们很快就把她押上一辆大汽车，迅即驶离车站。

车子最终把丁玲等人送到一个完全中国旧式的高级旅馆里，这里很安静，不似一般旅馆常见的嘈杂，丁玲猜这里不是普通做买卖的地方。他们被安排在一间比较宽敞的房间里，与在上海时一样，仍有几个看守不离他们左右。一天后，丁玲与冯达又被转到新都大旅社。自此，丁玲开始了她长达三年的软禁生活。

鲁迅为她写悼诗

丁玲不是普通人，当时已是知名度很高的名人，是一颗社会大众都已熟悉的明星，丁玲无声无息的失踪，不啻夏夜里失去一颗亮星，立时就成了世人瞩目的特大新闻。

那天，丁玲与潘梓年被抓走后，马绍武留下五人继续待在丁玲家里，一是为了抄检，二是守株待兔。

下午四时许，一个身材高大、穿着灰色长衫、戴眼镜的男人走上楼来，叩响了丁玲的房门。

门一打开，他抬脚就往里迈步，丝毫不介意开门者是个陌生人；因为以往到这儿来的都是搞地下工作的，彼此不相识是常事。待他进屋看清了室内的阵势，方知不妙，想要退，门早已关上了！

这个自投罗网的人叫应修人。

应修人原名应麟德，字修人，为湖畔诗社诗人。曾赴苏联留学。归国后，在中共中央军委、中共中央组织部工作。时任中共江苏省委宣传部部长，年仅三十三岁。

一个姓钟的特工带着猎手欣赏猎物般的眼光慢吞吞向应修人靠过去。

应修人的眼里闪着困兽才有的目光，死死盯着对方。"你要干什么？"他喝道。

"干——什——么？我搜你！"说着，钟特工猛一伸手，就要去抓扯应修人的衣襟，没料到却被对方的手挡开了。特工颇有些恼怒地频频出手，应修人连连抵挡，一时特工竟不能得手。其他两个特工见此，便过去帮忙。应修人被逼到了窗户边，背窗而立，仍在全力招架着。在厮打的混乱中，忽听一声呼喊，应修人的身子撞开了窗户，从窗口直坠下去！

特工们急忙相继冲下楼梯，寻到临窗的弄堂，一幅血腥惨烈的景象使他们不由得止住了脚步。

应修人七窍出血，气绝身亡。俯卧在狭窄的弄堂里的尸首，显得出奇地长大……

应修人的死给丁玲失踪案增添了恐怖感和神秘性。

人们一时间搞不清楚死者究竟是谁，有人说姓尹，也有人说姓冯，众说纷纭，莫衷一是。

到了六月下旬，社会上盛传丁玲已在南京遇害。鲁迅闻讯，信以为真，为丁玲作了悼诗一首《悼丁君》：

如磐夜气压重楼，

剪柳春风导九秋。

瑶瑟凝尘清怨绝，

可怜无女耀高丘。

新都大旅社就坐落在户部街上。

说是大旅社，其实也就两三排平房。丁玲等人占住了前后两间。三个看守住前房，丁玲夫妇住后房。

"我不跟冯达住一起，请把我们分开。"丁玲立即对看守这样说。

"不行。这事要问上边，我们只是按令行事。"看守拒绝道。

丁玲想要发作，又觉是白耗精力，叹了一口气，也就不再说什么。

自丁玲被捕以来，虽然一直和冯达在一起，可身旁总有看守寸步不离，两人无法交谈、争论乃至吵架，现在有了机会。

"玲，睡吧，时间不早了。"昏黄的灯光下，冯达期期艾艾地对正在独自玩扑克的丁玲说道。

丁玲一听就火冒三丈高，使劲把手里的牌摔在了桌上，狠狠地低声骂道："今后不许你叫我的名字！你这个叛徒！"

"我不是叛徒！我不是叛徒！"冯达急得满脸通红。

"哼！你不是叛徒，难道我是叛徒？你向他们自首了，你还说你不是叛徒？你不是叛徒，我怎么会到这种地方来？"丁玲说到这里，想起数日来过的担惊受怕的日子，想到今后生死难料的命运，不由得怒火中烧，气不打一处来，"这一切都是你！还害了潘梓年同志。"

"我有罪！我罪无可恕！不但连累了你，也连累了别人。可是我的确没有自首，请你无论如何相信我——如果你都不相信我，那么这世上就再也没有人相信我了！我的确没有向他们自首，我可以赌咒，我连一点点要自首的念头也不曾有过。我只恨自己太愚蠢，轻信了敌人的谎言。那天我去找通讯员时被敌人抓住了，他们盘问我，我反复跟他们说我只是普通人，可他们不信，不放我走。他们说，到你家看看，证明你不是共产党，与共产党没关系就没事了，就马上放你。当时我一看表，估算你已离开家了，于是就把住址告诉了他们，万没想到你和潘梓年却都在家里！我没有向敌人泄露其他同志的地址，我可以赌咒！请你相信我！我知道我已经没有希望了，党不会原谅我的，我还要活下去的意义只是为了要向你表白，请你相信我，我要帮你逃出这牢笼，让你尽早回到党的怀抱里去……"

冯达说得声泪俱下。

丁玲听了这番话，觉得他说的是实情。虽然她仍恨他，却不由得又有些可怜他。痛苦啊痛苦！为什么让自己跌入火坑的偏偏是自己的丈夫？

在新都大旅社的看守中，有一个十八九岁的青年，叫小林，对丁玲颇表同情，当其他看守不在时，他就悄悄地跟她闲聊。丁玲身陷囹圄，本能地寻找、利用一切机会争取离死神远些，哪怕仅仅是改善些环境。她看小林还比较单纯，就也有意跟他接近，与他攀谈。

"你在看什么书？你喜欢文学？"有几天丁玲见小林总抱着一本书看，便这样问他。

"呵，是《三剑客》。"小林合上书让丁玲看封面，接着又道，"我对文学一窍不通，只是爱看小说。我还看过你写的《莎菲女士的日记》。"

"是吗？那是我几年前写的。这两年我写的《水》《某夜》，还有《法网》《消息》什么的你看过没有？"见小林摇头，她抬起头望着天花板叹了一口气，又道，"唉，如今是没办法写，还不知有没有出去的一天呢。"

有一天小林突然对丁玲说："他们今晚要来领你们走。"小林脸上露出惜别的样子。

丁玲听他这么一说，又见他这副表情，以为是敌人要对她下毒手，悲愤之下，她作好了赴死的思想准备。

果然，晚饭后一个被唤作王科长的人来请了。

"有一位王先生想要见你，现在就去。"王科长对丁玲说。接着，他又转脸对冯达道："你也一块儿去。"

他们坐进了专用汽车，车门两边都站着特工。

汽车由中山大街一直朝南驰去……丁玲突然记起来，这是……去雨花台的方向！

呵，血迹斑斑、名闻遐迩的雨花台！

看来小林的消息不假，随着汽车的颠簸，丁玲的脑海在翻腾着，时间不多了，这帮家伙果真要下毒手了，我还有什么事要做，什么话要说呢？不行！都晚了，我什么也不能做了……

汽车吱的一声把丁玲叫醒，向右转弯了！

汽车驰进了黝黑的小巷，向北拐，又向西，再往前，七弯八拐，终于在一家大石库门房前停下了。丁玲被人挟持着进了一个大院，走进前厅，王科长叫丁玲和冯达坐下，说是向主人通报，就走到后进屋子里去了。将近一个小时过去了，王科长才又出来，对丁玲说道：

"里边的王先生今夜要去上海，不能谈话了，过两天再谈。这两天暂时住在这里。"

丁玲心里很奇怪，想道：他们玩什么花招呢？

王科长不等丁玲说什么，便扭头走了。接着便有五六个大汉拥着丁玲和冯达出了这间前厅，进入一个更大的大厅，四周漆黑，只有前边引路的两个大汉手中的蜡烛发出微弱的光。丁玲被夹在中间，跟跟跄跄朝前走，走出了大厅，向右转进一条又窄又长的甬道。丁玲一看这地方，心想，他们肯定是要在这里下手了。这么黑的夜，这么深的甬道，两边这么高的围墙，挣扎也是徒劳。丁玲一边朝前走，一边咬牙等着。但一直走过甬道，并无事情发生。接着又七拐八绕，最后在一个厅里停下了。

厅里很空，靠东边摆着一张大床，靠西有两张小床，中间放着一个大八仙桌，有一张茶几、两把太师椅和几个小木凳。那几个满脸横肉的大汉把蜡烛往八仙桌子上一放，然后站在一边，谁也不说话。

丁玲在方桌边的太师椅上坐了下来。有人给她倒了一杯茶，另有三个人开始收拾床铺。冯达先睡下了，另两个人也睡下了。丁玲一时毫无睡意，只是默默坐着，心想：自己死在这样一群又蠢又脏的坏蛋手里真冤！他们将怎样动手呢？用刀，用绳，用毒药？唉，管他咧。

……唉，这夜真长，怎么还不天亮！就这样永远黑暗下去吗？

……潘梓年现在在哪里？他还活着吗？左联的同志们现在在干什么？他们一定都搬家了。其实，不搬家也没什么，我不会讲出他们的住址的。看样子冯达也没有说出别人的地址……

丁玲在床上迷糊了一阵，天就亮了。一个娘姨进来把马桶拎出去倒了，早饭是稀饭加咸菜，饭后王科长把冯达叫了出去。

冯达回来后对丁玲说，王科长向他打听她昨晚的反应，希望她写一个自首书登在报上。"噢，他们昨夜那么做原来就是为了吓倒我！"丁玲对敌人充满了蔑视。

逃跑不成自杀未遂

　　人是自然界里最精密的机器。机器越精密越容易出故障，身心越娇嫩越容易被伤害。一个人既吃不消过度的辛劳，也受不了过分的清闲。迫使人无休止地劳作固然是一种摧残，强令他终日处在无所事事中又何尝不是一种折磨？

　　丁玲就被迫处于这种折磨中！

　　"这里又没有一本书、一张报，也没有任何可以混日子的东西。只有痴痴地坐在凳子上抽烟，或者躺在床上望天花板，或者用苍蝇拍打苍蝇，有时就蹲在院子里看蚂蚁来来去去搬家。"的确，没有什么能比得上让一个性格刚烈、怀揣炭火的人过一种什么事都不能干、什么事都无须干的笼中生活更受折磨了。所幸还能抽烟，可是烟不能解愁解闷，不能当饭吃——饭菜很差，米糙菜老，丁玲只得自己掏腰包托看守从外面买些板鸭、鸭蛋、皮蛋之类的改善伙食，她宁愿跟看守有一搭没一搭地聊两句，也不愿跟冯达啰唆，她看着他就来气。

六月下旬的一天，丁玲正蹲在院子里用死苍蝇引蚂蚁出洞，一个看守过来对她说：

"徐科长来看你了。"

看守的话丁玲并没有听进去，一介科长没能引起她的特别注意，她看着一只蚂蚁碰了碰蝇尸，围着它绕了半圈又回洞里去了，大概是去通风报信了吧。这时她偶一抬头，瞥见从小墙门外转进来一个穿着一袭长衫、显得干干净净的人。

来者见丁玲不理他，并未恼怒，独自迈着不紧不慢的步子踱进厅房，在八仙桌旁的太师椅上坐下了。

看守见丁玲如此，于是又对她重复了一遍"徐科长看你来了"，还把"徐科长"三个字咬得很重，颇有些诚惶诚恐的样子。

丁玲知道自己不得不站起来了，可为了表示对来者的轻视，她故意慢吞吞地走向厅内，坐在那人对面的一张太师椅上。

丁玲不知道，眼前这位藏锋敛芒、不露声色的人正是月前下令逮捕她的国民党中统头子徐恩曾。

徐恩曾对丁玲采取的是怀柔策略。他后来曾在所写的书里谈到自己当时的想法和动机："她的问题并不严重，因为她并没有参加暴动或反叛的活动，我非常希望她用她的写作才能成为我们党的一个有贡献的文化工作者。"

"生活怎么样？"徐恩曾寒暄道。

"现在是吃官司，谈不上什么了。"丁玲不冷不热。

"不要这样想嘛。我们这边也有你的朋友。彭学沛你还记得吗？他就很关心你。"

"我知道他。胡也频曾在他办的报纸编过一阵子副刊，时间很短。他跟我们谈不上是朋友。"

徐恩曾见话不投机，立即换了个话题，他故意苦笑了一下说道：

"有些人听说你到南京来了，以为我们钓到了一条大鱼。实际不然。就说你吧，你不过写了几篇文章，暴露一点社会上的黑暗，这算什么呢？充其量我们把你的刊物封了就是。"

丁玲知道他指的是《北斗》杂志。只听得他又放慢了声调说：

"你又不是共产党员。"

一闻此言，丁玲心里先是一阵奇怪，但随即就明白了徐恩曾的用意。数日前还是在新都大旅社时，做了叛徒的中共江苏省委宣传部原部长汪盛荻曾去劝降，对她说过这样的话："你是共产党员，我知道，你无法抵赖，我已经向国民党讲了。"现在徐恩曾竟主动为她"开脱"，岂不是咄咄怪事？徐恩曾接着又说：

"你又不知道别的党员的住处，也不会帮助我们抓人，你对我们毫无用处。你也明白，我们并不是特意去抓你的，我们只是想去破获共产党的机关，偶然碰着你的。只是，既然来了，就很难放……我们是在租界上抓的你，这事已经引起租界捕房的抗议，说我们侵犯了他们'治外法权'。我们不愿引起更多的麻烦，只得咬定不承认。现在的事态就是这样。我们把你弄到南京来，实在是个'误会'。"他脸上一副颇有苦衷的表情，揭开桌上的茶杯盖，端起茶杯，吹了吹浮茶，轻啜了一口。放下茶杯的时候，他的眼光在她脸上停了一秒钟，见她不答话，似在想什么，他又继续言道：

"是不是这样，我们可以送你去国外，彭学沛可以资助你出洋，他愿意送你六万块钱……"

他两眼盯着她，不说了，是在要她表态。

丁玲想了想说道："我不能拿彭学沛的钱，我们并非朋友，我们没有丝毫关系。出国的事，我从来没想过，现在我不愿出国。这就不必再谈了。"

对于丁玲的拒绝，徐恩曾并不生气，似乎也预料会如此，他知道对丁玲这种人不能操之过急，得潜移默化。于是他又把话题转到生活上来：

"你可以往外写信，写给你母亲、朋友，都可以。有什么要求你尽管提出来，我会尽力给你安排的。"

徐恩曾来过后，丁玲的生活果然有了改善。首先是住在他们房间的看守搬了出去，饭桌上有了鸡鸭鱼肉，蚊帐、被单等生活用品换了新的，书和报刊也有得看了。丁玲与徐恩曾第一次交锋，便感觉他不是等闲之辈。"这是一个笑面虎，得多提防着点。"丁玲对自己说。

有一天，丁玲在几本杂志中翻到一册国民党编的《社会新闻》，里面有一篇写她的文章，很长，作者自称认识丁玲的母亲，自然翻出丁玲的家底，把丁玲写得很不堪。不久丁玲又在《商报》上看到一篇文章，白纸黑字地说她不仅自首了，还与马绍武同居，把她描写成一个无耻的人。

这两篇文章把丁玲激怒了，她想，照这样待下去，即使有朝一日能争取到自由，又怎能洗去身上的污水，怎能使大家相信她是清白的？在几经失眠之后，她从万千思绪里归纳出一个字：逃！

只有逃才是最可靠最真实的求生之路，也只有逃出去才能向共产党、向社会证明她没有与敌人同流合污。

主意打定后，她每次出去吃饭时，就开始留心正厅、庭院、厨房等周围的地形，想找到一个合适的出口，但都不中意。最后她选择了由房顶翻到临街的高墙上，再用隔栅门做梯子爬下去的方法。

可是这办法一个人做起来有困难，自己个矮力弱，没个帮手肯定不行。冯达会同意我这么做吗？万一他向敌人告密了怎么办？我如果逃出去了，他怎么向敌人交代？不管他，谁叫他当叛徒的！我今日如此还不都是他一手造成的？也许他愿意帮我，正好用来赎罪，他不是一再许愿要帮我外逃，回到党内的吗？这对他也是个考验，看他说的话是真是假。丁玲在心里盘算着。

"你以前说的话算数不算数？"丁玲终于下决心向冯达开口了。

"什么话？"冯达摸不着头脑，不知丁玲又要怎样整他。

　　"你说你要帮我逃出去的，是真心话还是来骗骗我的？"

　　冯达一听就急了，说："当然是真心话了！我真恨不能用我的生命来换你的自由。"

　　"好了！别尽说好听的了。我需要看你的行动！"

　　"行动？"冯达懵了，"你……要我死啊？"

　　"咳！"丁玲看他的样儿真是一肚子的气，"我要你死干吗？我要你帮我从这里逃出去。"

　　"你疯啦？这儿这么多看守你怎么跑啊？"

　　"你别吵！你听我说！我可警告你，如果你胆敢向他们泄露一个字，你试试看！"

　　"你放心好了。"冯达声音小了下去，"你说吧。"

　　丁玲说了她的计划。

　　冯达沉吟了半晌，说："恐怕不太容易。不过，确实除此以外也没什么好办法。试试看吧。"

　　"你自己有什么打算？"丁玲感觉仿佛是已站在墙外问冯达何去何从。

　　"我当然跟你一道走。"冯达急急地说，好像很害怕他一个人留在这里似的，随即心虚地补充一句，"若能成功，你去找党，我……再说吧，或者回老家。"

一霎时，丁玲真觉得他可怜。可是愈看他可怜就愈是恨他，心里真不是滋味。

对于当时逃跑的情景，丁玲有非常细致的描绘，不妨照录如下：

一天夜晚，半夜，万籁俱寂。小墙门外边传来阵阵鼾声。我和冯达轻轻把茶几搬到院子里，把那隔栅门抬在茶几上边，费了九牛二虎之力，把隔栅门靠到屋檐边。我说不出的欢喜，先爬上茶几，然后一步步跨上隔栅门的窗格子，格子吱吱咔咔地发出微微响声。现在我站得高高的，压不住心里为能离开这牢房所激起的跳动。我以为很容易就能上房了，谁知屋檐外一溜水槽，薄薄的一层洋铁皮，很宽。隔栅门上边的横木靠近水槽，但我只能站在门格子上，离水槽还有一截，要越过水槽，爬上房去，还是够不着。铁皮水槽摇摇晃晃，叮叮哐哐，看来它承不住我，我守在这里，上不能上，下不愿下，急得像热锅上的蚂蚁。我心慌，出汗，真想跳下来摔死痛快。在茶几边扶着隔栅门的冯达，轻轻地连声问道："怎么了？怎么了？要不，你下来，让我上去。"我无奈只得一步一步爬下来，把情况告诉他。正当他准备爬上去的时候，小墙门外传来咳嗽的声音，而且原来从两扇门缝中透过来的亮光一下没有了，是不是有人在窥伺？我们怕被人发现，赶紧把隔栅门抬下来，把茶几搬开，急速离去，躺在床上。我一直注视着小门。隔了一会儿，从门缝里又透出灯光，幸好他们没有开门进来。这时我已精疲力尽，只得帮冯达把隔栅门轻轻抬回原处。以后，我们并不死心，接连再试了两次，但冯达也无法越过水槽爬上房去。逃走的计划不能实现了，我失败了。（丁玲《魍魉世界——南京囚居回忆》）

逃跑的失败在本已颇感绝望的丁玲看来，更如同掐断了最后一线生机。她一度变得恍恍惚惚、麻木不仁。看书，不知书上写些什么；听话，不知对方在说些什么；白天不觉得热，夜晚不觉得凉；周围的一切似乎都与她无关。她不再为过去而悲苦，也不再幻想将来，只是一天一天无感无觉地打发着没完没了的时光。

她想到了死，自杀。

当现实的一切都变得毫无意义的时候，死，就成为不是不能亲近的了。

"你还得同意再帮我一个忙。"丁玲对冯达说。

"啊？还想逃啊？"

"是的，这是我最后一次逃跑，我要逃到老家去，逃到胡也频那儿去，这次我一定能成功。"

冯达这才看出她神情不对，立即猜出她想干什么，急道："你不要这样，你不能这样！你怎么能在这个时候……该死的应该是我！你应该活着，你没有理由毁灭自己……"

"好啦！你别说了！"丁玲不耐烦地打断了他，"我已经想好了，你不要拉我。"说着，递过一封信给冯达，"这是我的遗书，请你无论如何设法交给党，如果你还看重我们曾经夫妻一场，就请你找一个可靠的人替我转交，这样我也就瞑目了。现在我希望你活着，替我办妥这最后一件事。"

"不！不！"冯达心里难过极了，可是他想劝她又无从劝起，只是百感交集地捶打着自己的胸口。

不知为什么，冯达的伤痛状并未使丁玲有一丝转念，反而促使她横下了心。

丁玲起初打算用现代的方法——触电——来结束自己的性命，可是，室内的电灯吊得很高，大概就是为了防止她自杀才这样设置的，她够不着。思来想去，最终还是由"现代"归于"传统"了，那是千百年来中国妇女屡试不爽、简便易行的方法——上吊。

深更半夜。这是人们最容易放弃尘世、接近上帝的时辰。丁玲坐在帐子里，把一件连衣裙撕成碎布条，编成粗布绳子。她试着用力拉了拉，看看够不够结实，仿佛它不是为了勒自己的脖颈，而是要去给一匹不驯烈马做缰绳，或是去套一头荒原野狼。

冯达坐在门口的台阶上，等着丁玲做完她的事，屋内的一点点动静都使他心惊肉跳。他想哭，可是却欲哭无泪，只勉强做出"哭"的表情，这使他更感到别扭，更加伤心。

丁玲从床上溜下地，拿了一个凳子放在床头，她站了上去，把浅蓝色的绳子扔过横木，系牢，然后把头伸进绳套，把圈套紧了一紧……一咬牙，蹬翻了凳子。她听见了凳子翻倒的声音，接着便感到气堵，憋得难受，同时感到身体像在山谷中往下坠，又像在沼泽地里往下陷……眼前一黑，便什么也不知道了。

　　冯达听到丁玲垂死挣扎的声音，那声音简直令他欲疯欲狂！他一下从地上蹦起来，随即又蹲了下去，他用手扇自己的脸，扯自己的头发，让指甲深深地掐进腿肉，又撕开衣衫，把前胸挠出无数条血痕，恨不得要把心掏出来。他仰面作无言的呐喊，躺在地上打滚，用牙去死啃台阶，用双手去抠自己的双眼……终于还是忍不住，冲进屋里把尚在抽搐中的丁玲抱了下来。

　　渐渐地，丁玲有了一点知觉，慢慢苏醒过来——

　　　　怎么，我好像到了一片空虚幽深的境地，我又从遥远的一片幽深的地方慢慢有了一丝一缕的感觉。这感觉如此微弱，如此战战兢兢，如此凄苦，如此痛楚。我无法制止，而且慢慢清晰起来，愈清晰，我的感觉愈深。我的感觉愈深，就愈加清晰。天呵！我怎么还没有死，还留在这痛苦的人间！

　　　　昏黄的灯光，首先照入我的眼帘。抽泣的声音送进我的耳底。我厌烦地环视周围，那根蓝色的布绳还拖在床边。我伸手去拉，那一头正压在什么地方。呵！原来我身旁正伏着一个人。我想一定是这个人把我放下来的。我本来已安然归去，你为什么这样残忍，还要把我留在人世？到底为了什么？……这时我心如刀绞，浑身酸痛。慢慢地酸痛盖过了心痛。而颈边又感到刺痛难忍，我想回过脸来，却扭不过来。无须镜子，我知道在颈项的两边，留下了长长的紫色的伤痕。我是一点力气也没有了，瘫在床上，丝毫不能动，我等着另外的最难堪的时日的到来。（丁玲《魍魉世界——南京囚居回忆》）

恢复后的丁玲虽然不再想着要寻死，但绝望的心情并没有一点改变，她想到国民党要瞒着世人，永远不承认他们逮捕了她，也就永远不会放她出去，那么她的命运就注定要在囚禁中终其余生。这太惨了，比公开判了无期徒刑的人还惨，好歹他们还可与亲人见面，还可以有朋友探视，而她若有一天死了，都没人知道，到底该怎么办呢？丁玲焦虑万分。

其实国民党也急，丁玲在手上总是个负担，长久这么押着也不是个事，还是得想法使她尽早就范。

徐恩曾安排了也是由共产党投向国民党的顾顺章去劝诱丁玲，期望顾顺章现身说法能出现效力。

顾顺章原为中共中央政治局委员和中央情报保卫机关（特科）的负责人。一九三一年四月二十五日，他在护送张国焘去鄂豫皖苏区后，在汉口血花世界被国民党侦缉队逮捕。据说恽代英在狱中开始未被认出身份，后来就是顾顺章指认的。

顾顺章是个聪明人，当然不会正面去碰丁玲的钉子。他阅历丰富，早年曾闯荡江湖，他坐在丁玲那里，便从他的经历聊起。他不理会丁玲的冷淡和戒心，只是大谈当年他如何开店做古玩生意，又如何带着魔术班子四处跑码头，说着说着，便给她表演起魔术来，他还当着她的面给一个看守实施催眠术。

顾顺章的表现虽然没能完全消除丁玲对他的防范心理，但他利落神奇的表演、口若悬河的谈吐、对人情世故的洞察、颇富传奇的经历，多少给寂寥中的丁玲带来一些兴趣，给终日处在无聊之极中的她解了一些烦闷。

绕了许多圈子，拐了许多弯，当然不是无目的地白费口舌，顾顺章终于跟丁玲谈起了"正经"。

"国民党杀你，没有好处，不合算。不过，他们也不敢放你……"他好像在为她设身处地，又像在说自己，"老关在这里是毫无办法的。我的处境同你们也有相似之处。我想，只要有一丝自由，我就能活动，就能远走高飞，我为什么要困在这里？"

顾顺章走后，丁玲想了很多，很久。

一天，冯达被顾顺章叫去谈话，回来后他对丁玲说：

"丁玲……我以前不愿我们分开，现在我清清楚楚地明白，我们命中注定是要分开的，我一定要帮你回到党里去。我呢？你什么时候走了，我就什么时候走。我无别处可去，只好回广东老家。只要你还不自由，我就留在你身边。我对你没有要求，我知道你不会再爱我，你对我只有恨。但我希望你能懂得，我实在也不好受。一切都是我的错误铸成的，我只能怨我自己，恨我自己。适才顾顺章找我谈了一个问题，如何放你的问题。我简洁地告诉他你的态度。我说你宁可死，决不会接受他们提出的任何条件。你放心，我绝不会有什么事瞒着你。如果我现在还要背着你，同他们一伙对付你，那我成了什么人！别的不说，我们到底曾是夫妻呀。"

丁玲颇有些嫌他啰唆，便打断了他："拣重要的说吧。你说他们怎么说的，我该怎么做。"

"顾顺章还是那么说，国民党不想杀你，杀你的确不合算。他们对你同对其他人不一样。他们自然希望你自首，站到他们一边，替他们做事；你自然不会干，这他们明白，但他们也不会放你，至少是现在不会放你。他说他个人以为，你不妨表示一下，可以归隐，归隐回家养母。实际归隐可以说得过去，无害于人嘛，就说在家乡找一项职业，平平安安过日子。

"我已经做错了事，我决不劝你，不拖你下水。你会以我为戒。但我也想，你的社会地位同我不一样。国民党对你同对其他共产党员也不一样。徐恩曾说你不是共产党员，暗示了他不愿把事弄僵。这是他给自己留了一个台阶，也是给你一个台阶。自然这个台阶不容易下。只是，我以为老是想死，在毫无希望中想死也没有意义。难道就不能想一点点活的路子吗？只是不要像我，把回家的路切断了。"

冯达一席话，打动了丁玲的心，她想：

"遇到困难，总得想出办法克服困难。为什么不利用条件，准备条件，想尽办法争取保持清白，活着出去？难道只有死路一条？……如果国民党真的让我回家乡，回湖南，总算比较自由了，难道我就不能再离开湖南，远走高飞吗？我又不出卖同志，连累同志，我也不说'共产主义不适合中国'之类的话，我只说回家养母，有什么不妥呢？"

当晚，冯达又说："我想过了，对国民党为什么不可以欺骗呢？你写张简单的条子，不要给他们留下什么把柄，有什么不可以呢？等离开这里以后，再想别的法子，兵不厌诈嘛！我看，你可以再考虑一下。"

丁玲反复权衡、犹豫了好几天，最终求得自由的欲望以及认为对党无害的想法占了上风，她表示同意写一纸文书给他们，说自己"因误会被捕，生活蒙受优待，出去后居家养母"云云。

顾顺章立即拿来一张白纸，丁玲在纸上写下："回家养母，不参加社会活动。未经什么审讯。"

丁玲不曾想到，对党、对革命事业是否有害，是由不得她来解说的；她更没想到，她轻抖细笔写的这几句话，代价却是后半生几十年的麻烦和"叛徒"的恶名。

"恭喜你了。"一个星期后，顾顺章来对丁玲说，"明天就可以动身，回湖南去。你准备一下。"

"是否现在就给我自由，由我自己回去？"丁玲忙问。

"派人送你回去。到了湖南再放，就自由了。"

丁玲一听，心就凉了半截。她想，如果到了湖南他们还不放我怎么办？南京毕竟是国民政府的所在地，若回湖南不得自由而落入地方军阀的手里，那将与下地狱没什么区别！在南京还有人关心她，设法营救她，总还有一线希望，若落在无法无天的地方土皇帝手里，那真将永无出头之日了！想到这里，她生气地对顾顺章说：

　　"他们不讲信用。我要求就地释放。我自己回湖南。"

　　"这是不可能的。"

　　"为什么不可能？为什么不能在南京放我？"

　　"哎呀！你怎么不明白？他们就是担心你从这里走出去后会闹出事情来不好收拾，才要你回湖南的。"

　　"那么好，我问你，他们用什么来保证到了湖南后就一定会放我？我凭什么相信这一点？"

　　"你要这么说，我就没话讲啦。好啦好啦，不要再争啦。说句实话，他们能同意放你，已经算是不错的了。"

　　"他们抓了我，放我自然应当的，难道还要我俯首称谢吗？不守信用。"

　　"怎么叫不守信用呢？当初谁也没有答应你就地释

放呀？你再好好想想，不要错过了这个机会。”

顾顺章甩袖走了。后来又来过几次，丁玲态度依然。这事也就不了了之。

没过几天，时间已到了十月上旬，有一天徐恩曾对丁玲道：

“南京的秋老虎很厉害，甚至热过夏天，我想给你换换空气，这样或可引起你写作的兴趣。”

丁玲一听就明白了，问道：“你要把我送到哪儿去？”

“莫干山怎么样？那里可是绝好的避暑胜地呀。”

丁玲在心里哼了一声，心想，假惺惺！还不是为了加紧对我的防范和监视吗？嘴里便道：“我懒得很，不想动。再说即使到了那里，恐怕还是没有心情写作。”

“你再想想吧。”徐恩曾不硬不软道。

丁玲拖延了几天，结果当然是由不得她。

秋天的莫干山，更显得气势雄伟。丁玲独自站在高处，当风而立，郁郁中，她看见的不是远峰近岳参差的壮美，黄叶红枫更迭的瑰丽，而是烟霭沉沉，迷蒙一片，落木萧萧，花叶飘零。山高近天，可她却不能如鹰隼展翅；峰回路转，哪儿才是她的道呢？

在一个小山坳里，坐落着一幢漂亮的小洋楼，楼前是一小片茸黄如毯的草坪。丁玲就被软禁在此，她与冯达同住在楼上一间正房内。

日月无情，并不理会人们的忧郁悲哀，依旧日起日落，月亏月盈，就在这日月轮回中，秋天隐退，冬日来临了。

莫干山的冬天寒彻肌骨，虽然楼下的客厅里安了一个烧木柴的取暖炉子，可是它温暖不了丁玲的心，她的心情如同这恶劣的气候，坏到了冰点。

丁玲由不胜寒的高处"还俗"时，一九三三年的日历已经翻到最后几页了。

复杂的软禁生活

丁玲依旧被解回南京，先被安排住在一个颇有几分神秘的曹姓人家，不久又迁至一个叫明瓦廊的地方。明瓦廊是条小巷子，因明朝时此处是经营建筑明瓦的场所，故得此名。

"哎呀！你们怎么也在这里？"刚搬进明瓦廊，丁玲突然看到姚蓬子一家就住在她的隔壁，吃惊和喜悦使她的音调提高了五六度。

丁玲在这么一个地方，在历经生与死、水与火的劫难之后，突然遇见了一个旧友，感觉里就像见到了亲人，高兴得几乎忘了形，忘了在什么地方，一步蹦到他们面前，顾不得细想何以如此巧合，只顾向他们表示自己的喜悦和激动。

姚蓬子的双眼在初见丁玲的一瞬间闪亮了一下，便遽然黯淡了，他也不搭话，低下头转身进了里屋。

丁玲像热沙落在冷水里，一下子失了热度，她愣住了。

"噢，噢，嗯……你们刚搬来啊？坐吧。"姚妻与丁玲本也熟识，此时却完全像面对陌生人般与她客气着，应付着。

姚氏夫妻的态度令丁玲大惑不解，她多想跟他们聊聊，谈谈这几个月来的感受，她也有一大串问题要问他们，可是……她一看见姚妻冷淡、勉强的表情，便下意识地咽了咽口水，收住了已冲到嘴边的话。

丁玲颓丧地踅回自己的住房。她想，这到底是怎么回事呢？莫非是我这几个月与世隔绝，社会的误解远比我所设想的还要深？蓬子在这种地方……要不然是……想到这里她蓦然一惊：他也跟我一样被捕啦？可是怎么会带着老婆孩子呢？也是软禁？不然不会这么巧，正好与我相邻。若是徐恩曾故意这样安排的，用意何在呢？他们知道我和蓬子关系不一般？

第二天，冯达递给丁玲一份当日的报纸，无声地指了指报纸的一角，神情复杂又有些神秘。

丁玲接过一看，立时呆住了。赫然入目的是一则启事：《姚蓬子脱离共产党宣言》。她努力克制住震惊看下去……

姚蓬子曾经是自己最要好的朋友，她感慨、叹息，她可怜他，为他难过，为他惋惜，她知道他完了。

进了明瓦廊几天了，看守人员始终不曾露面。丁玲记起那天到曹宅，他们把东西交给曹氏夫妇后就离开了，在曹宅，可以认为曹太太是看守，她曾告诫丁玲只能在门内坐坐玩玩，但不能出去，巷口有人日夜把守等等，丁玲和冯达的日常生活也由曹太太包办。可是到了明瓦廊，看守仍未出现，这使丁玲觉得有些蹊跷。

"徐恩曾又搞什么名堂了？怎不派人来？"她问冯达。

"嗯……这，我也不清楚。"冯达嘴里否认着，面对丁玲射过来的目光，他一下把眼睛转向了别处。

冯达躲躲藏藏的表情并未引起丁玲的怀疑，因为他平时一直就这样，畏畏葸葸的。

可是经丁玲这一问，冯达自己却感到心虚，他犹豫了一阵，终于决定向丁玲坦白。

"丁玲！我不应该瞒你，我一定要告诉你。"冯达一脸的慎重，对丁玲说道，"离开曹家的那天晚上，我到他屋里去了一趟，他谈到了我们搬家的事。他说以后每月给一百元生活费，让我们独立住家，但这不是说你完全自由了。你既然不自由，你就无法自己谋生，他们应该给你生活费，这我不能拒绝。不然，你在南京城里将怎样生活？没有犯人坐牢还得自付饭费的。至于我，情况同你不一样。我已经走错了一步，什么话我也不想说了，说了也无用。总之，现在我是一个没有前途的人。你想回去，而且可以回去，但是我却回不去了。我回去的路没有了，没有任何希望了，这只怪我自己。我曾是一个普通的共产党员，没有什么社会地位，在国民党眼中，我不值钱，他们瞧不起我！有我无我对他们无足轻重。我现在又有病，按一般情况，如果我能找到一个铺保，或者我老家来人，具个结，我是可以被释放回家的。这也有先例。不过，现在国民党不会这样做，这是因为有你，他们不能放你；他们也不能像对你那样对待我。那晚，那个姓曹的说，要我到一个翻译机关去翻译一点资料，算是为我安插工作，安排生活。这不是一个了不起的差使，也不会有什么秘密，月薪是六十元。他还说这个机关人员不多，大都是一些懂外文的共产党员（自然是自首过的）；我不得不答应了。”

丁玲乍听冯达这番言语，眼睛瞪得老大，她这一惊非同小可，说道：

"你……你怎么能这样呢？你这不是越陷越深吗？我不同意你去！"

"丁玲！"冯达急了，"我希望你懂得我，我出此下策也是为了你！我没有办法可以保护你，但我总想帮助你点什么。你是要回去的，就让我帮你实现这个愿望吧。我在他们面前表示迁就，他们就容易相信，以为我还可以牵制你，你应该利用这个条件。他们把蓬子弄来同我们住在一块儿，我看也有这个意思……你要利用这层关系，你平常为人太单纯，太直率。但最近我不得不想，我们的处境，你的愿望，都应该仔细考虑。"

"当然要考虑清楚。可你怎么不作更长远的考虑呢？你去那里当翻译，不管你翻译什么，不管你做多做少，你总是进了人家的门，为人家做事，你不只绝了自己回去的路，而且叫我怎么做人？"

冯达听了，心情很沉重，他沉吟了半晌，才又缓缓说道：

"这与你无关。这是我自己决定的。我想了很久，心里很痛苦，但我认为：我不忍拖你下水，也不能总像现在这样跟着你，我跟着你只能拖累你。有什么法子呢？我自然希望他们对你的监视能够逐渐放松，然后你就可以找机会跳出去，脱离这个苦海。我说过，你什么时候离开南京，你走后，我就回广东老家，我们是命定要分开的。现在我的身体很坏，这半年来肺部经常疼痛。我不一定能活得长，我只希望能看到你自由。"

冯达说得脸颊绯红，额际渗出了汗珠。

丁玲想，若说冯达以前只是"无意"中犯了罪，现在却要有意去为国民党做事了，而我现在还与他住在一起，这以后怎么向党交代？于是她说道：

"那我们现在就分开。"

"分开！分开！一定要分开！"冯达心里真不是滋味，顿了顿复又说道，"只是你暂时不要闹出去。我明天要去那个机关，可能要填一份履历表。你不必为我担心，我会尽可能给自己留有余地。"

当夜，夫妻俩都失眠了。

"是啊，丁玲说得对，我去国民党翻译机关，是绝了自己的路了，可是不如此，又能怎样呢？我已经把丁玲害惨了，如果不找个机会补偿一下，我的心是永远不会安定的，何况我也患了绝症，只有拼了，破罐子破摔，换取丁玲的自由。再说，丁玲一天不出去，国民党一天不会放我走……就这么走下去吧，反正对于我来说，也谈不上前途了，一切都不重要了。唉——"冯达想着，叹着；叹着，想着。

丁玲也在苦思冥想："说起来冯达此举是为生活所迫，出发点是为了我，也是为国民党所逼，可是，他毕竟是为敌人效劳哇，严格地说，是向敌人乞食，是对敌人的妥协，我怎能容忍？但我若打算终要回到党的怀抱去，就必须先得活着，必须为有出去的一天而作准备。世界是由矛盾组成的，没有万全之策，只有权宜之计，但又不能违背党的原则、做人的原则。如果我争得自由、重回党内的条件是让一个叛徒为敌人工作来养活，岂不荒唐？可是……"丁玲颠来倒去，直想得头痛。

丁玲与姚蓬子共用一个堂屋，两家房门相对，可是丁玲搬来一个月了，姚蓬子总是大清早出门，很晚才回来，两人难得见面。

日子长了，姚蓬子在家的时间慢慢多了起来，他和丁玲彼此心情渐趋平静，也能经常在一起聊聊。

"想不到……你也会落到今天这步田地……也想不到你会走这条道儿。"丁玲说。

"唉——我对共产党的确是灰心了。"姚蓬子
黯然。

"你是怎么被捕的?"

"我在天津……被他们逮住了。当时,我把写有接
头地点的纸条吞下了肚,我没有出卖一个同志。"

"那么你干吗要写什么《宣言》呢?就算你对共产
党失望了,真的失望了,你对共产主义信仰真的动摇
了,也不该这样做啊?你在《宣言》里说你把希望放在
国民党,放在三民主义上面,这是你的真心话?我不
相信。"

"表面文章嘛。也是他们逼的。老早以前我曾同潘
汉年约好,万一我被捕,就以假自首过关。我一直是这
么打算的。我被解到南京监狱后,看到一些老资格党
员、领导都一个个自首,你看李竹声,就是中央迁往江
西苏区后留守上海,在临时中央主持善后工作的那个
人,他被捕后,把几十万元党的活动经费都交给了国民
党,为保住自己一条命。当时我就想,如果需要牺牲,
首先应该是李竹声。这些人都贪生怕死,凭什么偏偏要
我去牺牲呢?"

听姚蓬子说完了,丁玲苦笑笑,没有说话,她还能

再说什么呢？

随着丁玲被监禁时间的增长，徐恩曾觉得丁玲的革命意志消沉了许多，丁玲接受了与冯达共同生活乃至她的怀孕加深了他的这种看法，他认为对丁玲已经至少是部分达到了目的。因此，他有意放松了对丁玲的看管，不再派看守与丁玲同吃同住了。当然，自由是有限的，行动也未必不是在他手下人的监视之下，而且徐恩曾这样做自有他老谋深算的考虑。

丁玲在南京街头一亮相，那是最好的广告。广告词是：国民党暗杀丁玲是谣言。（她不是好好活着吗？）国民党也没囚禁她。（她不是在大街上自由自在吗？）丁玲肯定自首了。（不然国民党怎会放她？）

丁玲的公开露面，引起许多关心她的人的猜疑和误解，这正是徐恩曾的收获，是他乐意期待的。

一度为丁玲的被捕所悲愤、为她的生命所担心、为她的获释而奔走，还专门为了她的"死"作诗致悼的鲁迅，听到丁玲尚在人间的消息后，态度也随即有了变化，在他先后写给王志之和萧军、萧红的信中，鄙视的口吻显而易见："丁君确健在，但此后大约未必再有文章，或再有先前那样的文章，因为这是健在的代价。"

"蓬子转向，丁玲还活着，政府在养她。"他还特意将未曾发表的作于三月前的那首诗《悼丁君》，交给曹聚仁编的《涛声》于九月三十日发表（几乎与丁玲分娩同时），以示讥讽。

面对这一切，丁玲心里虽然很痛苦，但她却不能辩白，无法辩白，也顾不了那么多了，她一心只想进一步麻痹徐恩曾，争取更多的自由，有朝一日得以冲破罗网。到那时，再来解释这一切，再求得大家的谅解。

徐恩曾对丁玲仍继续实施他的计划。他一面节节放松对丁玲的约束以示其"诚意"，一面又用一些妇人之仁的小手段，用友爱亲情去感化她，去消磨她的意志。

在他的安排下，丁玲的母亲到南京来了，带着丁玲和胡也频的儿子祖麟。

母女重逢，百感交集！

母子相聚，则是又一番情怀。小祖麟已经四岁了，"他依旧带着那么一副总是用一对小眼睛审慎地看着周围一切的神情"，那神情，那眼睛，都使丁玲勾起对胡也频的怀念之情，那年她和沈从文去龙华探监的情景仿佛还在昨日，而今她自己却也……

去北平找党

    路边树枝上已蹿出茸茸嫩绿，丁玲的心正如这渴求生发的叶芽儿，不可遏止地要去寻求生机。

    一个夜晚，她走后门上了马路，漫步了一圈，竟没遇到特工的阻拦！回家后她窃喜不已。日后她又试了几回，证实是否出自偶然，结果次次一样。

    "你晚上出去散步，要不要我陪你？"冯达问丁玲。

    "不用。我走不远，再说我也想一个人静静。"一被冯达关心，丁玲马上就会想到这会不会是他别有用心，她对他始终提防着、戒备着。

    几个夜晚后，丁玲决定再试试白天，试着在白天走得远一些。也许就可以在路上碰上熟人，她想。

    这一天，丁玲决定去夫子庙，那儿是三教九流各色人等杂处之地，平时游人极多。为了打掩护，她故意带了母亲与祖麟同去。

走进一个小茶馆，祖孙三人坐下来歇脚解渴。丁玲端起茶碗，近唇轻啜，同时眼睛无意地在茶客中扫了一下，就这一下，她瞄住了两个人，她认识他们，一个叫高植，另一个是张天翼。

高植是一个无党无派、思想"不红不白"的青年文人，曾是丁玲《北斗》杂志的作者，那时他们就通过信，见过面。丁玲的心思不在他身上，她要找的是张天翼。张天翼是左联盟员，丁玲曾和他一同开过会，还一同上街参加过示威游行。丁玲以为，找到了张天翼，就等于找到了左联，就找到了党，心里一阵狂喜。她克制住激动和兴奋，装作不慌不忙的样子走到张天翼他们桌前，故意先跟高植寒暄敷衍了几句，然后寻机对张天翼小声说了几个字："明天上午，鸡鸣寺。"不等他回答，便迅即转身离开了。

当晚她躺在床上，憧憬着明日乃至以后的前景，辗转反侧了半宿。

去鸡鸣寺见过张天翼后，丁玲又去过张天翼的住处，可是都因她对张天翼目前的底细不了解，不敢贸然表明愿望，自然也就未能得到对方明确的表示。

就在与张天翼会见后的失望中，日子一天天挨过去。

忽然一天，家里来了一位不速之客。是位女客，将近四十岁，大眼睛，椭圆脸，模样神情显得温柔大方。见丁玲戒备地望着自己，她连忙微笑着作自我介绍："我叫方令孺，是特别来看你的。我不是国民党，也不是共产党。我非常同情你的遭遇，我很喜欢你的小说。我想你在这里一定太寂寞，我能为你分点忧愁吗？有什么事需要我帮助吗？"说着，她从身后又牵出一个美丽的少女，告诉丁玲这是她的女儿。

丁玲冷眼看着客人做这一切，心想，她讲的话有几句是真的呢？又不知是不是徐恩曾派来的——她要是一般的人，怎么会知道我的住址呢？

方令孺见丁玲神情颇冷淡，也不多说，只客套几句，小坐了一会儿便不失风度地起身告辞了。

方令孺是桐城派作家方东树的后裔，成名于二十世纪三十年代，是"新月派"仅有的两位女诗人之一（另一位是林徽因）。方令孺并不理会（也许这不理会来自理解）丁玲拒人于千里之外的表现，仍礼貌地经常去看丁玲，跟她谈除政治和丁玲处境以外的一切，日子久了，丁玲终于完全打消戒心，她们成了好朋友。

十一月初，冯达总是白天脸颊潮红，夜里睡觉盗汗，去医院一检查，肺结核已到了三期，医嘱要卧床休息，不能劳累。

冯达可以不工作了，丁玲心里坦然了些，可是转眼又为生活来源犯了愁。

姚蓬子这时被国民党安排去了芜湖，主编《大江日报》，他不愿带妻儿同去，每月一百元钱供两地开销也不够。

为了利于安排生活，丁玲一家便和姚蓬子家属合在一起，由姚妻掌管计算日常支出。可是这样仍不能应付拮据的生活，两家便又在城北租下一处房租较便宜的房子，一共三间，丁玲带两个孩子（丁玲的母亲回湖南去了）住一间，冯达单住一小间，姚妻与孩子住较大的一间兼做吃饭的地方。

这样将就着住自然不舒服，也不方便，丁玲找到时在南京中山文化教育部门工作的左恭，希望在城外找一新住处。理由有两个：城外住房便宜些，感觉上也可离国民党远些；第二个理由她自然存在肚里。

左恭给她在中山门外一个叫苜蓿园的地方找到了一个居处，丁玲看后颇觉满意，于是翌年春冯、姚两家便迁了进去。丁玲的母亲这时又回到了南京。

　　苜蓿园地处中山门外，紧邻城门，是一个只有二三十户农家的小村庄。在明朝时，这里因遍植红花草（苜蓿）而得名。丁玲的住处距中山大道约两百米，出门两步有一座两步就可迈过去的小石桥，叫太平桥。苜蓿园并非桃花源，与田园间杂建筑着一些小洋房，里面住着国民党的军政官员。

　　这年八月，丁玲患了严重的伤寒，住院月许，直到年底方基本痊愈。

　　冬天过去，又是一个春天来到了。可是这春天对于丁玲却并不特别意味着什么，她仍然处在软禁中，大病初愈，身体仍很虚弱；冯达的病假超过了半年，薪水停发了；母亲想带着孩子回湖南老家去，这路费尚无着落；这眼前，这以后，这一切，这一年又一年，出路究竟在哪里？丁玲吁叹不已。

　　“我利用现在得到的一点自由，写点文章不好吗？”丁玲突然想到，“这样生活上可以有些贴补，母亲他们的路费也解决了，而且……我还可以借此向党暗示我的处境和想法，是啊！如果我不主动，党怎么会知道我在这里度日如年，盼着他们援救我呢？"丁玲为自己的想法欢欣鼓舞，一下子来了精神。

她旧笔重拾的第一部作品是短篇小说《松子》，写的是农村少年松子及其家人的悲惨生活，场景很显然有苜蓿园的影子。丁玲把小说投给萧乾编的《大公报》副刊《文艺》，很快便在四月十九日登出了。

叶圣陶看到了《松子》，便给她写了一封信，除问候以外还告诉她，他正在为纪念开明书店成立十周年主编一个专辑，邀她撰文。丁玲接信后，喜出望外，兴奋异常，立即回了信。

后来丁玲写了篇题为《一月二十三日》的文章，被叶圣陶收入开明书店纪念专辑《十年》中。

就在与外界迎来送往中，丁玲暗暗张开一张网，过滤着对她有用的人。她终于有了收获，得到了李达夫妇的消息。表面上她仍一如往常，暗自却十分兴奋。

时间已指向一九三六年五月，丁玲遭秘密绑架已整整三个年头了。她悄悄做着赴北平的准备工作。她要将母亲和孩子安排回湖南去，不然一旦她逃脱，他们就会成为人质。丁玲跟母亲谈了要她带孩子离开南京的想法后——当然她没将自己的真实思想告诉母亲——出乎丁玲意料之外，母亲似乎很懂得女儿的心思，她什么也没问，什么也没说就同意了。丁玲将她新发表的几篇文章的稿酬悉数给了母亲，作为路费。

接下来的问题是，她要离开南京城，既然不可能逃过徐恩曾的眼睛，那么怎样才能既故意明确告诉他们她的行踪又不被他们阻拦呢？左思右想，她想到了冯达和姚蓬子。干脆将她的行踪告诉他二人，由他们传到徐恩曾那里去。

"蓬子，我打算去北平一趟，会会王会悟，你知道她是我多年的朋友了。在南京待了这么久，这么长时间没跟老朋友聚聚，心里真是闷得慌，时间不长，最多两个星期就回来，哪天走我还没有定。我走后的这段日子，请你替我照顾冯达，他的病……你知道还没什么起色，我有点不放心。"

"好的，我会尽力照顾他的。"姚蓬子也没多说，只拿眼睛盯着丁玲，好像要试图猜出她说的是真话还是假话。

丁玲把要说的话说完了，也怕他窥破她的真正用意，又说了句"那好，就这样吧"，就垂下眼睑，匆匆转身回屋了。

对冯达，丁玲知道要瞒是瞒不住的，当然她也用不着挑明，只是夫妻俩彼此心照不宣罢了。

"我已经关照过蓬子，要他照料你了。"丁玲看着病榻上侧卧着的冯达，看着他日益显得苍老、憔悴、毫无生气的面容，想到她此番一去，也许将终身不复返，内心竟有些不忍，但这种脆弱的伤感倏忽之间即被克制住了。

"你不用担心我，我反正已是这样了，好坏皆由他去。"说到这里，冯达停住了，他想使空气轻松一些，便笑了一下，可是那笑却显出几分惨苦，"你去吧，不用担心我，你是知道我对你的心愿的，只要你好……"冯达的脸上分明写着惜别。

在一个静谧的午后，丁玲安排冯达睡下后，便挽着一只麦秸编织的提包，里面装了几件换洗的衣服，悄然出了家门。看上去她好像去夫子庙逛街。

凹凸不平的小青石路硌着她的脚，她在太平桥上下意识地回首望了望那间茅屋的土灰色屋顶。"也许就要同这间屋子永别了，同这三年来的痛苦永别了，我可以找到党的关系了，我可以开始新的生活了。"想到这里，她感到自己的心脏剧烈地撞击着胸膛，她不敢多耽搁，又疾步朝前走去。

从苜蓿园步行至中山门，只需十分钟左右。进了中山门，她乘上公共汽车沿中山东路林荫大道一直往西，转眼到了新街口，然后换车，到了火车站。

在晨曦中，火车减缓了速度，徐徐驶进北平前门车站。丁玲步出车站，雇了一辆人力车，直驰复兴门宗帽胡同三号李达家。丁玲抖索着手付了车钱，便一步跨进大门，直奔外院的北屋，叩响了李家的房门。

王会悟刚起身，边扣着扣子边来应门，开门一看是丁玲，又惊又喜地大叫起来。孩子们好奇地围了过来，李达也是一副很高兴的样子。

"你来北平太好了，我问你，你准备住在哪里？"王会悟眼睛里洋溢着欢喜，拉着丁玲的手关切地问道。

"就住你这儿。"丁玲热泪盈眶地说。

王会悟大笑道："这就好了。"

寒暄过后，李达颇显关怀地对丁玲说："以后你千万别再搞政治了，就埋头写文章，你是有才华的。"第二天他又专门为她写了大幅中堂，勉励她专门从事文学创作。他还亲自背着照相机，带她出去游玩，给她照相，带着她去打球、喝茶、吃冰激凌、去俱乐部。之后，他又安排她去拜访了冰心。

这一下，把丁玲想要向他说的话全堵住了。

"李达真的变了吗？真的已不是红色教授，而是一个看破红尘、无党无派的职业教授了吗？或许是对我不信任而故意装给我看的？"丁玲费尽猜测。她又想："去看冰心虽然对找党不会有什么结果，但对李达对我都可能有一点帮助。这个消息传出去，别人会更认为我现在是没有什么政治色彩的人，这次来北平纯是为了散散心，会会朋友。这也许是李达的真正用意。可是我摸不清李达的虚实，怎么通过他找党呢？看来找党并不像在南京时想的那么容易。"丁玲有些失望了。可是既已好不容易来到北平，她不死心就这样不果而返，她要再寻其他线索。

晚上，丁玲与王会悟守灯而坐。丁玲尽量与王会悟多交谈，让王会悟多谈一些人，期冀能听到对她有用的人。她听到了曹靖华的名字，立时像淘金工淘出金粒那般惊喜和兴奋。

王会悟时在中国大学任会计，她告诉丁玲，曹靖华就在中国大学教书。

曹靖华是著名的文学翻译家、散文家，二十世纪二十年代初和大革命失败后，曾两度赴苏联留学。虽然他不是共产党员，但他思想进步，倾向革命，翻译了大量苏俄作家的著作，其中大都是进步乃至革命的作品，特别是绥拉菲莫维奇的《铁流》，在当时对革命者起了很强的鼓舞和振奋的作用。曹靖华与鲁迅的关系也十分密切，他曾化名亚丹、汝珍、郑汝珍等与鲁迅通信，还代鲁迅收集外国优秀版画和革命书刊。

丁玲对曹靖华的情况是了解的，她想通过曹靖华找鲁迅，再通过鲁迅找党。

"你去对曹靖华说，说我想尽快见到他。"丁玲一把拉住王会悟的手臂急切地说。

"好。"王会悟一口答应。

次日，丁玲去见曹靖华。

"你现在生活怎样？"甫见面，曹靖华先开言道。

一句普通的问候，在丁玲听来却如游子聆乡音，只觉情感在胸中奔涌，不觉中，双眼先已湿润了。"太痛苦了。"她只说了四个字，一口气也只能吐这四个字。

丁玲与曹靖华是首次会见，可是一见面便认定是可以推心置腹的老朋友。

"我想找党，这是我目前唯一的心愿和生活的目的。我一定要找到党。如果找不到党，我即使能暂时住在北平，或别的什么地方，我仍是一个黑人，不能有什么活动，也无法向人民表白心意，说我自己要说的话。可是我现在苦于无从找到党。我一向尊敬您，您译的苏俄作品我几乎都看过，我也很信任您，这次来找您，就是希望您能帮我想办法，找到党。"丁玲既已认准曹靖华，便干脆一股脑将心里的话都倒了出来。

曹靖华听了丁玲的一番话，显得很受感动，他说："你的处境我一直在关心，也很同情。我很愿意帮助你。但是你知道，我不是共产党员，跟他们没有直接的联系。你要我做什么呢？"

"我想先找鲁迅先生……"

"对，我是跟鲁迅先生来往很多，他的关系多一些，找找他或许有办法。"

"可是怎么与鲁迅先生联系呢？我直接去找他恐怕不行，我自己有危险倒还在其次，搞不好还会给他带来麻烦和危险，我听说，鲁迅先生一直是在国民党特务的监视下战斗和生活的。"

"是啊。这样吧，我设法写信转告鲁迅先生。你呢，是就在北平等消息呢，还是……？"

丁玲想了一下，说："我跟他们说只在北平待两个星期，看来等鲁迅先生有消息来恐怕一两个星期内办不到，我在北平日子久住不归，容易出意外，那么我还是回南京吧，南京离上海也近一些，如果找到了党，联系可能更方便一点。"

丁玲与曹靖华谈了几十分钟便匆匆告辞了。虽然谈话的时间不长，也未有所谓实质性进展，但她却感到如沐春风般舒畅，几年来樊笼生活积下的郁闷之气疏解了十之八九。

北平之行的目的已基本达到，丁玲对这座古城别无兴趣。见过曹靖华回到李家，丁玲对李达夫妇说："我打算明天就离开北平回南京去。"

"干吗这么急？我们的话还没说完呢。"王会悟挽留道。

丁玲叹了一口气，说："我是身不由己呀。出来已经不少天了，再待下去怕会惹出麻烦来。"

李达夫妇听丁玲如此说也就不再劝留。

火车长蛇般蜷卧在车站上，不时地喷出一两口长汽，像在为远足积蓄气力。站台上，丁玲在和曹靖华话别。

"曹先生，我的事请您务必抓紧，我这一去就全指望您了。您知道我终日生活在一个什么样的环境里。"丁玲说着，嗓子里像钻进了一条虫。

曹靖华一见丁玲动了情，连忙说道："你放心，你放心！我今天就把信发出。你要有耐心，耐心等待，争取早一天离开南京。"

笼中鸟飞出去了

丁玲回到南京，一切依旧。姚蓬子随便问了两句就过去了；冯达则问也不问，只悄悄用眼睛瞄着丁玲。他窥出丁玲的失望，猜到她此行一定不顺利，他不问她，知道问也是白问，她不会跟他说的。

过了一个多星期，张天翼来串门，口称来看姚蓬子和丁玲。三人坐在房间里闲聊，张天翼同姚蓬子本是熟人，两人你来我往，谈得很热闹。丁玲时不时插上一两句，或简单地回答张天翼的问话，更多的时候则沉默着，只做一个听者，她在猜测张氏上门的真正目的。前两次她去见他，他都是热情不足，冷淡有余，今日不请自来，未免显得有些突兀。

张天翼确实不是来玩的，他负有使命。

姚蓬子起身去墙角痰盂吐痰。就在他一转身的当

口，张天翼迅即塞给丁玲一个小纸团，同时用眼睛使劲
向丁玲示意了一下。

"我到后房去一下。"姚蓬子甫坐下，丁玲便站了
起来，走至后房。她迫不及待地展开了纸团，两行小字
映入眼帘：

知你急于回来，现派张天翼来接你，可与他
商量。

没有具名。对丁玲来说，署名反而是多余的。因为
那笔迹她太熟悉了！是冯雪峰。心里立时一阵狂喜，还
有一股热流。她下意识地去看镜子，里面有张写着欢喜
的脸，还有那双荡漾着喜悦的眼睛……

不行！她想，我不能高兴得过早，万一暴露了就将
前功尽弃。千万不能让姚蓬子看出来。丁玲努力使自己
换一副心情，她绷着脸走回前房。

她几乎不敢去看张天翼，怕一接触控制不住自己的
表情。趁着姚蓬子暂时离开的空儿，丁玲与张天翼约好
了见面的时间地点。

次日，天下着小雨，是一个黏湿腻烦的天气。可是

丁玲却只看见初夏淫雨的情丝、草木青翠的可爱。她打着一把小花阳伞进了城。

她走进一个小咖啡馆。张天翼已先坐在一隅等着了。张天翼向丁玲转达了党安排她去上海的旨意。

"我外甥女陪你一块儿去，那天你们在车站会面，到上海后，你听她的好了。"

"好。谢谢你！"

几天后的一个下午，丁玲装作散步的样子走出她住的茅屋。有了前次去北平的经验，她沉着多了。她在小院里东张张，西望望，故作漫不经心地溜达了一会儿，看看四周没什么异常，便踅出院门。一离开首蓿园，她就加快了步子，直奔下关火车站而去。在火车站外，丁玲把事先准备好的写给冯达的信投进了邮筒。她在信中告诉他她的去向，算好等他接到信时，她已到达目的地了。

走进站台，她一眼就瞧见了张天翼的外甥女。姑娘几乎同时也望见了丁玲。两人的目光会心地相遇了。姑娘转身上了一节三等车厢，丁玲不远不近地悄悄跟上。

车厢里人很多，都是下层的市民及农民。丁玲穿的是一件蓝布短衫，夹在人群中很协调，一点也不起眼。

姑娘坐在距丁玲不远处，也是一副走亲戚的普通人家女孩子打扮。丁玲不时地瞟一眼姑娘，心里对张天翼充满了感激之情。

火车抵达上海站。

丁玲仍不声不响、不远不近跟着姑娘，挤下火车，走出车站。姑娘叫了一部出租车，是云飞汽车公司的车，自己先钻了进去，却把半边车门敞着，丁玲随即上了车。

"向左……向右……拐进去……"姑娘指挥汽车左转右弯地疾驶着。

上海街头华灯通明，丁玲默默靠在车座上，任路灯不时晃过她的脸和身体。"久违了，上——海！"她在心里喟叹道。

汽车在泥城桥一带的一条马路边停下了。姑娘付了车钱。丁玲跟着姑娘下了车。姑娘把丁玲引到路边不远处一辆事先停在那儿的汽车跟前，车门开处，姑娘把丁玲扶推进去，稍稍打了个招呼便消失在夜幕里了。

车子立即启动，疾驶起来。

丁玲甫上车，手便被车上伸出的一只手紧紧握住了，一直到她坐下，两只手仍未松开。丁玲从手心传出的感觉知道她回到队伍里了，身边这人一定是她的同志。她借助灯光注视着对方；他也正以闪亮的双眼注视着她，脸上带着关怀的微笑。

"胡风！"丁玲认出来了，她笑了。她几年来都没这么笑过了。一路上她和他几乎没说什么话。还需说什么呢？千言万语都消融在那笑容里了。

车在一幢楼房前停下，丁玲随胡风走下车，朝大门走去。看来这幢楼是新起的，门楣上悬着一块匾，上书"俭德公寓"四个字，是家旅馆。胡风把丁玲径直领进一间事先订下的客房，关上门。

"这儿还行吗？"胡风左右看看然后问丁玲。

丁玲在床上坐下，同时重重吁出一口气道："这简直是到了天堂，谢谢你啦。"

"是雪峰要我为你安排的。"胡风说道。

"雪峰呢？他现在在哪儿？我怎么样才能尽快见到他？"一听到那个亲切的名字，丁玲急问道。

"噢，雪峰他现正有事忙得脱不开身，要过一两天才能来。你别急，先安心住下来。"

丁玲寓居在俭德公寓，捺着性子等待着冯雪峰给她寻找赴陕北苏区的机会。为防止被闲人乃至特务发现，她大门不出，二门不迈，在房内用饭，上厕所也要瞅准了走廊里没人才敢出去。她终日只是拿了胡风为她准备的几本新作家的小说来读。冯雪峰与胡风也时不时地来这里坐一会儿，给她讲讲外面的新鲜事。

丁玲从一个朋友那儿听说了鲁迅对自己的误解，一下呆住了，憋得她几乎要窒息，没有什么比被自己所尊敬的人误解更令人难受的了，从此在她心里落下了一块心病。

"能带我去看望鲁迅先生吗？"一天她问冯雪峰。

"嗯……"冯雪峰一脸的为难，"先生五月份发了肺结核，已经到了晚期。史沫特莱给他请了上海治肺病最好的一个美国医生去诊断了一下，医生说先生是最能抗病的典型中国人，如果是欧洲人，五年前就死掉了。现在总算把最危险的时候挺过去了，但身体还很虚弱，到底年龄大了，不能劳累。我担心你这个时候去看他，两人都免不了要激动，这对先生的身体很不利。我看还是暂时不要去吧，等先生身体好一些再说。你看呢？"

丁玲只得压下强烈的愿望。

一天，冯雪峰来看丁玲，皱眉蹙额地说道：

"怎么办呢？去陕北的交通又断了，一时不能走。没有适当的人和你同行，不能冒险。但长期住在这里，不能出大门，怕有一天会暴露。我们考虑了，潘汉年的意思，如果你先回南京，设法争取公开到上海来做救亡工作，那是好事。上海的工作非常需要人……"

　　"不！我不回去！"丁玲一听就急了，她打断了他的话，"不管到哪里，我都愿意，再苦我也愿意。我决心去陕北，也知道那地方很苦，可我乐意去，我不怕吃苦，就是不能再回南京。"

　　"丁玲，你听我说……"

　　"不！我不听！"丁玲眼泪上来了，"你，你太不理解这几年我是怎么熬过那些痛苦的日子的。我所有的力量、心计，为应付国民党的阴险恶毒都已经耗费尽了，我背负着的哪里只是一个十字架啊？好不容易熬到今天，我见到了党的人，见到了自己的同志，见到了……你，满心以为你们会伸出手来再拉我一把，送我远走高飞，怎么能还让我回到那个地狱里去？你太不理解人了。你只知道长征的艰难。长征自然是艰难的，可是你们是一支队伍，是无数亲密的好同志在一起，你们是在大太阳底下与敌人斗争。你没有体会到我独自一人在一

170

群刽子手、白脸狐的魔窟里，在黑暗中一分一秒、一点一滴地忍受着熬煎！"

"丁玲，你冷静一些，不要冲动。"

"冷静？你说得轻巧，你要我怎么冷静？"丁玲忍不住大声抽泣起来。

冯雪峰换了缓和的语气说道："丁玲，我不是跟你说过嘛，你不要总觉得只有你一人在受苦，也不要觉得别人都不理解你。不要说我，不要说党内，就说这社会上，自你被捕后，有多少人一直在关注你的行踪处境……当然，你孤身一人在特殊的环境里与他们周旋斗争的确跟身在集体里不同，但是共产党员就应该能在各种条件下生存、工作和战斗，经受住考验。现在组织上要你回去，并不是不管你了，而是斗争的需要，形势的需要嘛。"

冯雪峰弯腰站立得有些累了，从房间的一角拎过一张椅子放在丁玲身旁，坐下后继续说道：

"目前的形势跟前两年你在左联时不一样了，我们党正在与国民党谈判，要停止内战，要释放政治犯，要搞统一战线，要团结抗日。现在上海的广大知识分子、许多民主人士和全国民众都在努力争取这个局面的早日实现。这一切都同过去不一样了。这时如果你能争取公开来上海，出版一个刊物，以一个自由民主主义者的身份来活动，是可能做到的。这样做不仅符合形势，更利于党的事业和利益，对你个人来说，公开活动不是比地下活动更好、更有影响吗？国民党不是没有把你当成一个共产党员吗？那你就顺水推舟，可以装作你根本就不理解这些，很自然地到上海来公开活动。如果不能到上海，就先到北平，总之要争取公开出来工作……"

丁玲静静地听着，默不作声。虽然冯雪峰说了一大堆道理，可她并没有被说服，心里仍然感到委屈。她觉得他们对形势的估计过于乐观，对她的处境也不够了解，但她知道冯雪峰不是以个人身份来的，他是代表组织来跟她谈的。对组织的决定她只有一种选择。她含着眼泪接受了。

丁玲怀着满腹惆怅和无可奈何离开了上海。

丁玲回到南京后，立即着手进行争取公开赴沪的活动，但都没能成功。这结果并不使她感到沮丧，相反，她有些暗自庆幸，因为这样她又有可能再走秘密通道，到她向往的地方去。她急忙给冯雪峰发了一封信，报告说公开出来已不可能，要求去上海。

不久方令孺即带着冯雪峰的回信到苜蓿园来了。方令孺是丁玲的"秘密交通员"，外面有不少人写给丁玲的信都是通过她转收的。

冯雪峰同意了丁玲的请求，并且约定了时间，派人在上海火车站接站。

送走了方令孺，丁玲带着一脸的春风回到屋里。这一天，她坐卧不安，总是心不在焉，眼睛老是微微虚着，像要把随时可能溢出的喜悦抿住。

敏感的冯达把这一切看在眼里。他知道夫妻分道扬镳的日子来临了。

冯达的眼神令人惨不忍睹。那是老马被主人牵向市场时的眼神，是沙漠濒死的人面对近在咫尺的一泓湖水却再无气力前进时的眼神。

这眼神使丁玲有所不安，一丝怜悯爬上她的心头。她想，她走后，他怎么办呢？他病成这样，今后怎么生活呢？长期以来她的真实的心情，急于离开南京、重回革命队伍的心情，他是猜得出的，但他没有向敌人甚至姚蓬子泄露，也没有阻碍过她。

可是，她今日至此，毕竟是他造成的，夫妻到今天，也早已谈不上什么感情。她的心已飞向自由的天空，无暇多顾及他了。她觉得她对他也并不存在义务。

为了能顺利、平安地离开南京，丁玲故意大大方方走进了徐恩曾的家。

她和他为了各自的目的，怀着各自的需要，一段时间以来，彼此之间建立起一种奇妙的、表面看上去像是朋友的关系。

"啊，来啦！"

徐恩曾把丁玲让进客厅。

"近来过得还好吧？冯先生的身体有起色吗？"落座后，他寒暄道。

"唉，他还不是那样吗，一时半会儿哪里会好起来？"丁玲做出一副苦相。

"不要急嘛，慢性病就得慢慢来……不过倒是辛苦你了。"徐恩曾劝慰道。

"是啊，最近发现身体不大好……"丁玲做欲言又止状。

"怎么啦？要紧吗？"徐恩曾十分关心的样子。

"嗯……是……我……"丁玲似乎有难言之隐。

"啊……"徐恩曾很介意地点头，"有没有去看医生啊？"

正中下怀，丁玲等的就是这句话。

"我想……去上海一趟，找一找我以前认识的一位日本医生，他很有经验，今天我来就是想……"

徐恩曾不是笨伯，已猜到丁玲想说什么，一举手打断了她，说道：

"你去吧，不要顾虑，一切没问题。"

徐恩曾以为丁玲还会像去北平那样，所以他故意用轻松的口吻满口答应。

过了这道关，走出徐宅后，丁玲重重地吁了一口长气。

临动身时，丁玲把家中仅有的十块钱放进她的写字桌的抽屉里，留给了冯达。她没有与他告别。她向谭惕吾借了二十元钱做旅费，登上了开往上海的火车。

黄鹤一去不复返。

这是仲秋九月的一天，时为中共驻沪办事处副主任的冯雪峰对党的交通员兼秘书周文的爱人郑育之说：

"你认得丁玲吗？"

"怎么不认识呢？她被捕前常到我们家来！"郑育之答。

"那好，我交你一个任务。你到西藏路爵禄饭店，订一间好些的房间，再租一辆小汽车，到时去北站接丁玲。"

"真的？她被释放啦？"

"没有。是设法逃出来的。她到处找党，要党帮助她脱离南京敌人的监视、囚禁。"

"太好了！"

"你把她直接送到饭店去。记住，路上千万不要耽搁，以免惹人注意，还要注意不要让尾巴盯上。这两天你抓紧作好准备。"

"是。"

冯雪峰又交代了接头的暗号。

火车上，丁玲眼观鼻，鼻观心地正襟危坐，从她脸上，看不出一丝一毫出笼鸟飞向自由的喜悦与憧憬。她身着深咖啡色丝绒旗袍，披着件呢大衣，样子像一位养尊处优却又生活得不甚如意的贵妇人。

丁玲的确没有喜悦，因为她知道还没到高兴的时候，危险并没有过去，徐恩曾虽然表面一口应允，可谁知这个狡猾的对手心里是怎么想的呢？就算他当时是真的同意了，可谁能担保他过后不会反悔呢？他只要稍一改念，不要说在这车厢里，就是到了上海站，她也随时都会再被捕回南京的。

"呜——"

车笛一声长鸣，驶入上海站。

汽笛声中，丁玲站了起来，作下车的准备。何去何从，我的命运就要定了。她这么想着，边朝车门挪步。

心怦怦然走下车来，她用搜寻的眼光在嘈杂的人群中瞄来扫去，却并不见一个熟识的人。她不敢在站台上多待，怕惹人注意，便随着人流朝出口处走。眼看快要出站了，接头人还没出现，丁玲心里不禁敲起了边鼓："我是按规定的车次出来的，为什么没有人来接，是不是又出了意外？"

丁玲正惊疑不定时，突听前面不远处有人喊了声："冰姐！"她循声望去，见是一位衣着华丽、抹着胭脂口红的青年妇女隔着出口的栏杆正热切地盯着自己。这张年轻的脸她似曾相识，但绝不熟悉。丁玲不动声色，只装作没听见，脚步未停，径直走向出口。

郑育之等丁玲经过自己身旁时，急忙与她对暗号。

丁玲听见了暗号，心中这才一喜，没错，是自己人。可她转念一想，雪峰不是说好让一个我认识的人来接站的吗？怎么会是这个女人呢？不要又出了意外，是敌人派她来的？莫非我真的又要落入魔掌？丁玲想着，不禁加快了脚步。

郑育之一见丁玲对暗号无所反应，心里又急又乱。是我认错了人，她不认识我了，还是暗号记错了？不会呀。虽然几年不见，那圆圆的脸形，那浓眉大眼，应该没错。而且她也应该认识我呀，她被捕前不是常来我们家的吗？就算她忘了我，可还有暗号啊？哦，一定是有特务跟踪，我得利用小汽车帮她甩掉"尾巴"！想到这里，郑育之疾走两步拦住丁玲，说了遍暗号后又道："有汽车在等着。"

丁玲此时已无时间多考虑，也无别的法子可想，稍一迟疑，便钻进了小车。

郑育之指挥着汽车转弯抹角，确定无人跟踪后，才驶到西藏路爵禄饭店（按丁玲记忆是西藏路一品香饭店）停下。

郑育之把丁玲领进了预订的客房内。

"是雪峰同志派我到车站去接你的。你不要离开这里，雪峰同志会来看你的。"

"嗯！"丁玲点点头，神情既冷淡又严肃，多一句话也不说。她此时心里仍敌友莫辨，将信将疑。

郑育之见丁玲如此冷漠，也不再多说什么，交代完了便走了出来。"她怎么像换了个人似的？哦，一定是长期被国民党反动派折磨得性格变了。"她边走边想，回去复命去了。

丁玲在饭店度过了忐忑不安的一夜。第二天，她正待在房内坐卧不宁，传来几下叩门声，门开处，是两条汉子。丁玲一见，立刻一改警惕、防卫的目光，脸上绽出惊喜，连忙把他们让进去。

来人正是冯雪峰和周文。

丁玲几天来绷紧的神经放松了，几年来一直紧张的神经松弛下来了。

问候之后，冯雪峰立即谈到丁玲去陕北的事，她的心思他很了解，他知道她早已等不及了。

"中央已回电，同意你去陕北，为保证旅途上的安全，做到万无一失，我们还得作些准备，要物色一个人陪你一块儿去，还要置办行装。你自己也再想想，还有什么事，可以提出来，都和周文接头。"

丁玲眼角眉梢都是笑，也不插话，只用眼睛盯着冯雪峰看，只顾频频颔首，她觉得此时听他说话（随便说什么）就好像冬日的午后在自家安谧的小院里晒太阳，她沉浸在莫大的享受里。

在丁玲蜗居旅馆的日子里，冯雪峰经常去看她。

"上次来没见到鲁迅先生，现在他身体好些了吗？能让我去见他吗？"丁玲问。

冯雪峰仍和上次一样眉头紧蹙："先生病情仍不见好，医生不准会客……还是不去吧。"

丁玲虽然不无遗憾，但还是乐于从命："我听你的。你见了他请代我致意。"

"一定。"

又一天，冯雪峰来到丁玲处，从皮包里掏出一沓钞票递给丁玲道：

"有人托我送笔钱给你。"

丁玲接过一数，三百五。

"哟，这么多！是谁呀？你别骗我。"

"我骗过你吗？的确是人家送你的。"

"那是谁呀？你快告诉我。"

"猜猜看。"

丁玲歪着头想了想道："猜不着。"

"我讲出来你别吃惊啊，是宋庆龄。"

“是她？”

“是的。她听说你出来了，要去西北，很关心。”

丁玲无法不吃惊，无法不感动。

丁玲一向对宋庆龄非常尊敬。她被捕后，宋庆龄参与了抗议和营救活动；特别是在她被谣言中伤、被许多人误解的情况下，宋庆龄以钱相赠，在丁玲看来，它的意义已远远超出金钱本身的价值，是对她政治上的信任，所含的情义比泰山还重。

正是中秋明月夜，丁玲一番乔装打扮，悄然离开了上海——这块曾经活她死她成她毁她的地方。

毛泽东像她的父亲

一九三六年十一月中旬，丁玲经辗转跋涉，终于抵达陕北苏区首府保安（现陕西志丹县）。保安随即召开了欢迎会，毛泽东、周恩来、张闻天、博古等党中央领导都出席了宴会。

丁玲告别了噩梦一般的囹圄生活，从此翱翔于一个崭新的天地里。

丁玲的性格更接近一个战士，或许是因为三年的囚禁生活被压抑得过久，保安的后方生活使她觉得不过瘾，她需要刺激，需要释放，于是她向党中央和毛泽东提出申请，要求到前线去当红军，到硝烟弥漫的战场去当一名冲锋陷阵的战士。

党中央和毛泽东很快便批准了她的要求。丁玲打点行装，跟着前方总政治部杨尚昆等领导北上定边，参加了广州暴动纪念大会。西安事变后，她又随彭德怀、任弼时领导的一方面军从定边南下，经甘肃前往三原前方司令部。

转眼元旦将临，毛泽东兴致突发，挥笔为丁玲填了一首《临江仙》：

壁上红旗飘落照，西风漫卷孤城。保安人物一时新。洞中开宴会，招待出牢人。　纤笔一枝谁与似？三千毛瑟精兵。阵图开向陇山东。昨天文小姐，今日武将军。

毛泽东不愧有儒将之风，竟将诗词用军用电报拍发至前方，转交丁玲。

丁玲十分感动，又兴奋不已。翌年年初，丁玲回到延安，毛泽东又用毛笔亲书一遍《临江仙》，赠予丁玲。

毛泽东赠丁玲词的手稿，最初由丁玲怀揣珍藏，后因担心在动荡的生活中遗失，她把手稿装进一个中式信封内，托人带到大后方重庆，委交胡风保管。胡风在信封上写了"毛笔"二字，意即"毛主席的笔迹"。一九五五年胡风被打为"胡风反革命集团"首领后遭拘捕，抄家时，公安人员搜到了这个信封，但未引起注意，没有收走。"文化大革命"中，胡风家再次被抄，信封藏在一只皮包的夹层中，结果虽然皮包中的东西被一抄而空，但信封却万幸躲过了抄家者的眼睛。"文化大革命"结束后，这一弥足珍贵、历经惊险的手稿终于完好无损地回到了丁玲手中。

毛泽东对丁玲别有一番感情在心头，这不仅仅是因为延安极需文化人才、作家战士，也不仅仅因为丁玲也是湖南人，是他的同乡，更因为丁玲于一九二〇、一九二一年间在长沙读书时，曾与杨开慧同学。

朝气蓬勃、青春焕发的丁玲，唤起了毛泽东对亡妻的深深怀念。

毛泽东常常找丁玲闲聊。一度与丁玲住在一起的中共地下工作者朱正明在《丁玲在陕北》中回忆道：

> 某天晚上，毛泽东只随身带了个"小鬼"到外交部来访丁玲，外边和街上非常地黑暗，室中只有洋蜡烛光燃漾着。毛泽东坐在她们睡的炕上同丁玲等闲谈，背靠在墙上，一只脚就跨在炕沿上，不断地吸着香烟，上天下地地乱扯，这情形就好像是一

家人吃了晚饭闲谈消遣，而毛泽东就是一个家长。炕下面是可以生火的，当火生好了的时候，毛泽东竟挨近火炕门，在泥地上坐了下去，两膝就∧形地撑在地上。一个最高的革命领袖能够这样地平民化，恐怕全国只有在苏区才能找到。

他们谈到过去的朋友、牺牲的革命同伴以及出卖了党和同志们的叛徒，他们谈到湖南的乡情与安徽的名胜、旧文学和新文学。毛泽东旧文学的根底极好，而且也是一个出色的诗词家。他看过《红楼梦》，并据丁玲告诉我说：他曾做了一篇关于《红楼梦》的文章，有好几万字长，毛泽东说贾宝玉是可以转变成为一个革命者的。

从我个人的眼光看来，毛泽东似乎就是丁玲的父亲，而丁玲也就是他的一个喜欢的大女儿……

还是在"招待出牢人"的宴会上，丁玲提议苏区组织文艺俱乐部，得到许多同志的赞同，毛泽东、张闻天也表示热情支持。苏维埃政府教育部建议就此成立正式的文艺团体。随即，在丁玲的主持下，召开了一个有三四十人参加的座谈会，讨论筹备问题。

十一月二十二日，保安召开了成立大会，由李伯钊主持，他讲了成立文艺组织的意义，接着由丁玲报告筹备的经过，后来便是来宾即席演讲，毛泽东、张闻天、博古、林伯渠等人都发了言。毛泽东提议该文艺团体取名为"中国文艺协会"，大家自然没有意见，会员一致通过。在文协第一次干事会上，丁玲当选为主任，并代理研究部部长。

一九三七年六月十八日，是高尔基逝世一周年的日子。延安拟举办纪念活动，丁玲即以文协主任的身份主持筹备了"高尔基逝世一周年纪念大会"。在纪念晚会上，抗大十二队和十三队的学员联合演出了田汉根据高尔基的小说《母亲》改编的话剧，丁玲兴致很高地观看了演出。

学员们的演技虽然不是一流的，扮相也不是头等的，但他们凭着对作品的理解和共鸣，表演得非常动情、非常投入。感情丰富的丁玲被感动了，特别是那个扮演伯惠尔的小伙子给她留下了很深的印象。

一个月后，卢沟桥一声炮响，震撼了全中国。中共中央随即通电全国：平津危急！华北危急！中华民族危急！只有全民族实行抗战，才是我们的出路。

七月十五日，共产党将《中国共产党为公布国共合作宣言》送交国民党；八月二十二日至二十五日，中共中央在洛川召开扩大会议，通过了《抗日救国十大纲领》，提出抗战时期的指导方针。在民族大难面前，国共两党终于携起手来，抗日民族统一战线形成了。

　　在延安，朱德、彭德怀率领的由红军改编的八路军渡过黄河，开赴山西抗日前线；后方政治部每天至少都有几十个连一级的干部要求到前方去；抗大的学员提前毕业了……

　　到处是人群的喧嚣、战马的嘶鸣，每天都有队伍向东、向南、向北开赴前线。延安沸腾了。

　　丁玲坐不住了。她与左联作家吴奚如设想成立一个战地记者团，到前线去，"很少的人，花很少的钱，走很多的地方，写很多的通讯"。结果要求参加的人很多，不得不扩大组织，在中央军委委托中宣部的批准下，成立了"第十八集团军西北战地服务团"（简称"西战团"）。丁玲出任主任兼党支部书记。

　　八月十二日，举行成立大会，丁玲发表了演说。她戴着军帽，穿一身灰军装，马裤下面裹着一双人字形的绑腿，脚上是一双布草鞋，整个装束干净利落、飒爽潇洒，一双大眼闪着亮光，往台上一站，确实一副"武将军"的英雄形象。与当年软禁于南京时的灰暗萎靡相比，简直判若两人。她那脆亮的嗓音饱含着激昂：

"同志们！现在大规模的抗战开始了。我们愿赴疆场，实行战地服务，我们愿意以一切贡献于抗战的前线，与前线将士共甘苦、同生死，来提高前线战士的民族自信心和民族牺牲性，唤醒和动员组织战地民众配合前线作战。"

西战团成员以抗大二期部分学员为主，另外吸收了一些文艺工作者及从国统区来的知识青年。

在大会上，有人把丁玲的麾下一一介绍给她。

"这是你的宣传股长。"介绍人说。

丁玲握住了小伙子的手，望着他的眼睛……"哦！"突然她叫了起来，一边频频颔首，一边笑道，"我们不是第一次见面，我认识你，你是'伯夏'！"

伯夏是伯惠尔的爱称。

"我是'伯惠尔'。"年轻的股长也不禁笑了，欢笑中含着几分受宠若惊，"我叫陈明。"

陈明出生在江西鄱阳湖边一个地主家庭。十岁时随伯父在北京上小学，三年后又去了上海，先后在东吴大学附属二中、上海麦伦中学读书，在校长和进步教师曹亮、魏金枝的影响下，他参加了地下党领导的中国民族武装自卫委员会以及麦伦民众夜校，进行革命宣传。在"一二·九"救亡运动中，他积极从事学生运动，是上海中学学联主席团成员之一，参与成立全国学联的筹备工作。他还在学校里组织了未名剧社，经常排演田汉、于伶等剧作家的作品。一九三六年他参加了共青团，同年转入中国共产党，一九三七年五月刚到延安。

开过了西战团成立大会，全团随即投入紧张的演出准备工作。没有现成的抗战剧本，没有现成的抗战剧目，只好现炒现卖、现编现排。

剧作家张天虚笔头很快，赶写了一出动员抗战、有钱出钱有力出力的话剧《王老爷》；丁玲也写了一出独幕话剧《重逢》，她生平第一部戏剧作品就是这样被抗战的烽火硝烟催生出来的。

陈明参加了《重逢》的演出。丁玲则扮演《王老爷》中的一位八路军政工人员。丁玲的形象原本就贴近角色，加上她素来不喜欢涂脂抹粉，几乎没化装就登场了。观众们自然一下就把她认出来了。她一口南腔北调的湖南普通话，配以一本正经的表演，不时引来大伙善意的哄笑声。

毛泽东因故来迟，进剧场大门时遇到了麻烦。因为当时剧场刮着新风气，还有一个奇怪的新规矩，说是开场后迟到者只能从后台进去。毛泽东也不能例外，他连声说："我遵守你们的规定。"只好绕到后台钻进去，从舞台上跳到观众场里，找个位子坐下了。当看到丁玲在台上念台词时，他又随随便便地站了起来，突然想到这样会挡住后面人的视线，于是就走到舞台的一侧，站着就近细看。看着看着，他和大伙一起随着剧情笑了，一直站到戏结束。

八月十五日，延安各界为西战团举行了欢送晚会。

毛泽东致辞：

"你们要用你们的笔、用你们的口与日本打仗，军队用枪与日本打，我们要从文的方面武的方面夹攻日本帝国主义，使日寇在我们面前长此覆灭下去。"

丁玲神情激动地表示："战地服务团的组织虽然小，但是她好像小河流一样，慢慢地流入大河，聚汇着若干河的水，变成一个洪流，把日寇完全覆灭在我们的洪水中。"

九月二十二日，西战团一行四十多人，背着被包、乐器、炊具，牵着牲口，打着红旗，浩浩荡荡踏上了征程。

他们渡过黄河，进入山西，经大宁、蒲县、临汾到达山西省会太原；又于太原失守前夕撤离，往榆次、太谷、临汾，随八路军总司令部辗转活动于沁县、安泽、榆社、洪洞、赵城、临汾、运城等十余个县市，行程数千里，演出一百多场。逗留山西半年后离去，又从风陵渡渡过黄河，经潼关抵达西安。在西安演出、宣传达四个半月。一九三八年七月返回延安。

西战团的活动收到了很好的效果，产生了很大的影响，乡村城镇、军队百姓无不热烈欢迎西战团的到来，而且各地又纷纷仿照西战团的模式，组织类似的团体，随军服务。

党中央对西战团的工作亦予以较高的评价。周恩来从前方回到延安后，在小礼堂作报告，谈到国共两党对抗战的不同看法时风趣地说：

"我们不但八路军开上了前线，我们的著名作家丁玲同志也已经带着战地文工团奔赴了前线。她是代表了人民群众的，所以在我们前方，不仅有军队的抗战，也有人民的抗战。军队主要是男同志，丁玲同志是女同志，她带的文工团还有不少女同志，所以不仅是军民的全面抗战，也是男女的全面抗战。"

在戎马倥偬的十个月中，丁玲个人也收获颇丰，她写出了《西北战地服务团成立之前》《第一次大会》《政治上的准备》《工作的准备》《我们的生活纪律》《河西途中》《临汾》《冀村之夜》《孩子们》《一次欢送会》《忆天山》《马辉》《杨伍城》《"民先"与"文研"》《勇气》《讽刺》等短文、速写三十多篇，并写成一出三幕话剧《河内一郎》。

她还收获了爱情。在十个月的朝夕相处、共同工作中，她与她的宣传股长萌发了爱情的嫩芽。一九四二年，延安整风学习开始不久，有情人终成眷属，陈明与丁玲结婚了。

《三八节有感》惹祸

　　曾经有这么一种说法，延安文艺座谈会是由两篇文章引起的：一篇是王实味的《野百合花》，一篇是丁玲的《三八节有感》。

　　一九四一年五月十六日，《解放日报》在延安创刊，丁玲负责主编其副刊文艺栏。到了文艺栏满了一百期的时候，丁玲便离职调到中华全国文艺界抗敌协会延安分会（简称"文抗"）去，以便写一部陕北革命题材的小说。

　　就在她即将离任的时候，一九四二年的三八妇女节到了，在文艺栏工作的陈企霞请丁玲写一篇纪念三八节的文章。丁玲联想到延安发生的两起离婚事件，正有一肚子为妇女说的话要吐，加上她很看不惯文抗俱乐部星期日舞会上打扮得"怪里怪气"的几位女同志，于是就写了《三八节有感》，借着文章放了一炮。文章的言辞颇为尖锐、辛辣。

丁玲下笔的动机是很单纯的。看到一些她认为不好的现象便想狠狠批评，犹如骨鲠在喉，只顾一吐为快，哪里想到会产生不好的社会效果和敌快我痛的问题？文章中也未指明不良现象是个别存在还是普遍问题。这就容易使读者对被称为"革命圣地"的延安产生总体的误解和错觉，更给国民党或倾向国民党的人以口实，《三八节有感》就曾被别有用心的人作为"延安真相"在国统区大量印发，几十年后海外还有人在修文学史时把这篇文章列为反共的作品一类，这就难怪延安不能容忍了。

文章中有一句话是："每一个星期可以有一天最卫生的交际舞"。这是针对毛泽东的夫人江青的，因为就是江青说过"每星期跳一次舞是卫生的"。丁玲何其胆大！

《三八节有感》发表于三月九日《解放日报》。批评立刻来了。四月初，在延安整风学习中，召开了一次高级干部学习会，毛泽东亲自主持了会议。开场白后，康生的夫人曹轶欧第一个发言，她很有条理地批评了

《野百合花》，也批评了《三八节有感》。

"你曹轶欧不搞文化工作，为什么批评我咧？"丁玲心里颇有些奇怪，除了奇怪还有些气不服。

第二个发言的是贺龙："我们在前方打仗，后方却有人在骂我们的总司令……"

丁玲对贺龙一向怀着尊重和喜爱，闻听此言，她还微微含笑望着他，心想：你误会到哪里去了，我什么时候骂过我们的总司令呢？

一个接一个发言后，毛泽东最后作了总结：

"《三八节有感》同《野百合花》不一样。《三八节有感》虽然有批评，但还有建议。丁玲同王实味也不同，丁玲是同志，王实味是托派。"

毛泽东这几句话给丁玲的问题定了性，划了范围。丁玲此后只在中央研究院批判王实味的座谈会上作了一次自我检查便顺利过关，也未受到组织上任何处分。

高干学习会后一个月，延安文艺座谈会便召开了，毛泽东在大会上发表了著名的《在延安文艺座谈会上的讲话》。

大会闭幕那天，与会者合拍团体照。毛泽东的座位安排在前排中间，在摄影师对焦时，毛泽东走到丁玲面前，把自己的位子让给她。他风趣地既像是对丁玲又像是对大家说：

"让我们的女干部坐在中间，我们不希望在三八节再吃到批评。"

大家听了都笑了起来。丁玲也不好意思地笑了。

荣获斯大林文学奖

山西省境内有一座管涔山，有一条河发源于此。它钻出山谷之后，又经过三百六十多公里的流程，穿越华北平原北部，注入河北省西北部的官厅水库。这条河就是桑干河。桑干河多半是条季节河。相传，每当桑葚成熟的季节，河水就会干涸。桑干河因此而得名。

一九四五年八月十五日日寇无条件投降后，经中共中央办公厅批准，丁玲与陈明、杨朔等组成了一个延安文艺通讯团，准备步行去东北，沿途采写通讯报道。在路途上，丁玲写了好几篇见闻，如《介绍一个俘虏学习队》《阎日合流种种》以及《躲飞机》等。年底，通讯团一行人抵达晋察冀解放区张家口市。因内战爆发，国民党军队封锁了去东北的通道，他们只得暂且逗留在张家口。

丁玲身处新解放的张家口，又过上了阔别多年的城市生活，而且不久还将去东北更大的城市，心中忽然对她已经逐渐熟悉的老解放区的农村眷恋起来。她恨不得返回去再同曾经相处过八九年的农民生活在一起，同那些领导农民翻身斗争的"土包子"干部再在一起工作。

　　作为一个作家，她觉得自己对他们负有使命；出于感情，她更产生了写他们的冲动。其实在延安时，丁玲就计划写一个长篇，写陕北原本很落后的农民，如何在革命的进程中变成新人。为替写作作准备，她不辞辛劳地走村串户。当地的住户居住得很分散，一个村子通常只有三五户人家，村与村之间也有一段距离，有时一个村在山上，一个村在山下，那时丁玲就在大雪天里跑到东，跑到西。

　　在体裁的构思上，丁玲也作过不少考虑，她想借鉴《三国演义》的章法，让人物活动在各种错综复杂的事件中。她拿起了笔，可是只写了两章就感到难以为继了，最终不得不深怀遗憾地搁笔。但是她又一直不能释怀。

　　仿佛形势有意要成全丁玲。就在她心怀遗憾的时候，党中央下达了关于进行土改的《五四指示》。丁玲欢欣不已。她和陈明立刻请求参加晋察冀中央局组织的土改工作队，去怀来、涿鹿一带进行土改。她轮流住过一些村庄，其间，在涿鹿县一个叫温泉屯的地方待了近一个月，参与了当地土改的全过程，积累了大量的写作素材。在土改结束的欢庆中，中秋节到了。可是，随着内战的加剧，形势变化很快，张家口也吃紧了，丁玲只得转往晋察冀老根据地去了。

"《桑干河上》已经构思成功了，现在需要的只是一张桌子、一叠纸、一支笔了。"在向南的途中，丁玲对同行的大伙说道。

十一月初，丁玲开始了创作。她原计划全书分为三部分：第一部分写斗争，第二部分写分地，第三部分写参军。

第一部分写完后，就在她准备写第二部分时，共产党的《中国土地法大纲》颁布了，她参加了全国土地会议，学习《大纲》，这时她对继续写下去产生了动摇。写吧，有些力不从心，不写，就此罢手，又舍不得。她决定先下去搞平分土地工作再说。于是她参加了华北联大的土改工作队，去了涿鹿，后来又去了石家庄近郊的宋村，一九四八年春上才又回到华北联大，继续《桑干河上》的创作。

可是这时，她却感到原定的第二部分及第三部分都没什么再写的必要，加上七月里还将作为中国妇女代表团成员赴匈牙利参加国际民主妇联第二次代表大会，行期在即，她考虑了又考虑，断然决定压缩篇幅。丁玲在华北联大修改书稿，仲夏时节，这部二十三万多字的力作终于完稿。

作品描写了桑干河地区一个叫暖水屯（其实就是温泉屯）的村庄在一个月的时间里所发生的巨大变化。小说对整个土改过程，从工作组进村发动群众、组织斗争到分配地主的财物，以及农民为保卫胜利果实而参军，都有细致而生动的描述。

这年九月，东北的《文学战线》先节选发表了《桑干河上》，接着，东北新华书店出版了单行本。翌年五月，《桑干河上》易名为《太阳照在桑干河上》，由新华书店在北平出版。

《太阳照在桑干河上》得到社会和评论界的一致好评，甚至被称作"史诗似的作品"。一九五二年春，《太阳照在桑干河上》荣获一九五一年度斯大林文学奖二等奖。当时，身为《人民文学》主编的丁玲，正与曹禺在莫斯科参加世界文化名人果戈理逝世一百周年纪念大会。《太阳照在桑干河上》成为驰誉世界的名作,被译成俄、德、日、波、捷、匈、罗、朝等国文字。当年仲秋,丁玲将所获斯大林文学奖金共五万卢布全部捐赠给了全国妇联儿童福利委员会。

由峰尖跌入浪谷

　　一九四九年中华人民共和国成立前夕，丁玲在中华全国文学艺术工作者第一次代表大会上当选为全国文联常委、中华全国文学工作者协会（简称"全国文协"，中国作家协会前身）副主席，而后在全国妇女第一次代表大会上当选为全国妇联常委，后又任《文艺报》主编、全国政协委员。翌年春，更担任了全国文协党组书记、常务副主席，主持日常工作，达到了她人生辉煌的顶点。

　　可是好景不长。丁玲耿直的性格易获罪于人。也是那个年代惯于人斗人的缘故，自一九五三年开始，文联内部就有人说丁玲与《文艺报》副主编陈企霞搞小集团。其后，作为对全国肃反运动形势的配合，中国作协党组决定要整顿党的文艺队伍，以克服在领导干部中长期存在的严重的自由主义、个人主义的思想和行为，丁玲又成了批判目标。在接踵而至的全国反右运动中，丁玲又莫名其妙地成了大右派，一九五七年八月七日的《人民日报》头版登出长篇文章，醒目的标题赫然写着："文艺界反右派斗争的重大进展，攻破丁玲、陈企霞反党集团"。

丁玲被撤销了一切职务，连党籍也保不住了。等待她的便是下放北大荒、蹲大狱、遣送山西农村共二十多年的磨难生涯。

直到一九七九年，丁玲的厄运才总算到了头。年初，经中组部批准，丁玲从山西嶂头村返回北京治病，报刊上开始有了她写的文章；五月，中国作协复查办公室作出了《关于丁玲同志右派问题的复查结论》："撤销一九七五年五月十九日中央专案审查小组办公室《对叛徒丁玲的审查结论》。"关于"丁玲、陈企霞反党集团"问题，《结论》说："……一九五七年六月初，中宣部及作协党组领导同志已在作协党组扩大会上宣布，'丁、陈反党集团'不能成立，给丁、陈摘去'反党集团'帽子。"右派问题"属于错划，应予改正"。并且"撤销一九五八年五月二十七日中国作家协会整风领导小组'关于右派分子丁玲的政治结论';撤销一九五八年中共中国作家协会总支'关于开除右派分子丁玲党籍的决议',恢复丁玲同志的党籍……"

度尽劫波兄弟在,相逢一笑泯恩仇。狂喜中,丁玲尽释前嫌,原谅了一切整过、斗过她的人。她偕陈明专门去探望了时在北京医院住院的周扬。

这一年,丁玲还先后参加了全国政协第五次会议及全国第四次文代会,被增补为全国政协委员,当选为全国文联委员、中国作协副主席。

一九八四年八月,中组部经中央书记处批准,发了一个九号文件,即《关于为丁玲同志恢复名誉的通知》。内称:一九七九年对丁玲被定为"反党集团""右派""叛徒"的问题进行了复查,"但有些问题解决得不够彻底";"对一九五五年十二月中央批发中国作家协会党组《关于丁玲、陈企霞等进行反党小集团活动及对他们的处理意见的报告》和一九五八年一月中央转发中国作家协会党组《关于批判丁玲、陈企霞反党集团的经过报告》,应予撤销。一切不实之词,应予推倒,消除影响"。

至此,这一占据了丁玲生命旅程三分之一长的错案得到了彻底的纠正。

安详辞世

苏联大作家阿·托尔斯泰在《苦难的历程》第二部的开头写下了这样一段话:"在清水里泡三次,在血水里浴三次,在碱水里煮三次,我们就会纯净得不能再纯净了。"在仿佛是死而复生的感觉里,丁玲终于走过一片阳光地,用她那因饱受磨难而变得纯净的心灵,开始迎接新的生活。

人生,黑夜总是太长太长,艳阳天总是太短太短。

三千六百多个日子的十年,在历史的长河里,不过是一瞬。死神,不期然地迫近了。

一九八五年七月十三日,丁玲为治疗日益严重的糖尿病、肾病住进了医院,整整两个月才出院。这期间,她曾征得医生的同意回家了一趟,为的是观看电视剧《莎菲女士的日记》的试映。四个月前,《莎》剧的编导们召开了一个记者招待会，曾邀丁玲参加，丁玲因事务不能脱身未到会，她只写了一封信去。信中有这么一段话：

> 莎菲如果活到了今天，该是一个五十八岁的老妇人了。她曾获得过老人的同情，但也受到一些误解或辱骂。以莎菲对黑暗社会的彻底叛逆的性格和对光明希望的执着追求，我想，莎菲不会"悄悄地死去"。她不仅没有死去，而且从彷徨中走出了黑暗，找到了光明。

丁玲出院半月不到，突然有一天左腿发生剧烈疼痛，开始她并未着意，拖到十月八日，不仅不见好转，反而更加重了，到协和医院挂急诊，随即入院，一查是急性神经炎。亲友们都很着急，丁玲自己却不当一回事，依然不肯稍歇，忙着给正在访华的苏联作家代表团写信，跟秘书谈她的种种计划。

就在与病魔的冷战中，丁玲迎来了她的八十一岁大寿。那天，亲人们一起聚在她身边，桌上有一只生日蛋糕。大家轮流向老人说着祝愿的话，丁玲很开心。她拿了一把餐刀，开始切蛋糕，要把喜气分给每一个人。

生日蛋糕的奶油香气立刻弥漫在病室里，只是令人扫兴地夹杂着来苏水的味道。喜气中因此仿佛也夹杂着某种暗示。除了孩子，在场的人都隐约感觉到了。

这的确是丁玲的最后一个生日。她没能走出这医院。病魔又卷土重来……

医院经过精心检查，发现丁玲左心室肥大，血压偏高，尿素氮指数上升到六十以上，院方发了病危通知书。

家人紧张了。亲朋好友得到消息，纷纷赶到医院来了。

丁玲却仍不改乐观和自信。她对尉健行轻描淡写地说："小病，不要紧！"甚至还和作家陈登科开玩笑："放心，我是老不死的。"

十一月初，专家给丁玲会诊，诊断为糖尿病、肺炎以及肾衰竭。

丁玲以顽强的生命力与病魔较量了十多天后，终于赢得第一回合的胜利，病情稳定了许多。她立刻在病房里安了一方书桌，又动起了笔。

一九八六年元旦刚过去一星期，丁玲自我感觉稍好便要求出院，她实在忍受不了不工作、不活动、终日吃睡静养的生活。她不知道她的身体还未脱离危险的边缘，还处于恶化趋势中。医生自然不同意。

二月八号是除夕，陈明带着孙女守在病房，他怕丁玲在年关感伤，便写了一封信安慰她，让孙女念给奶奶听：

> 此刻，我们全家人的心都贴在你的心上，同你一起，和往年一样，欢迎新春的来临……你能关心自己便是对我们大家最好的关心和最大的安慰……这封信我不多写了，你听了之后笑一笑，我便能懂得许多许多……

丁玲脸上真的泛起了微笑，那是她与他会心的笑，那笑中饱含着只有他才懂得的语言。她又吃力地用手捏住笔，颤抖着在信末空白处写下这么几个字：

"你们大家高兴吧，我肯定能成佛。"

这竟是她的绝笔。

陈明一看，以为她说的"成佛"意为"成仙"，眼泪便下来了。他向丁玲俯下身，略含伤感又稍带责怪地轻轻说："为什么说成佛呢？我们还要在人间携手奋斗呢！"

"以后什么事都不管了，只写我的文章，这还不是成佛吗？"她凝视着他，久久不把眼光移开。

大年初四那天，丁玲勉强半睁着沉重的眼皮，用微弱的声音对周围人说："昨天、今天我总做梦，刚才又梦见有两段鱼，我一招呼，这两段鱼合成了一条，就是我和爷爷（指陈明）。"说罢，又沉沉睡去，笑容却挂在嘴角上……

此后不久，丁玲就几乎一直处在昏迷中。三月四日那天，她悠悠醒来，仿佛是有感于自己拖累那么多人，也仿佛奇怪于自己的生命力，或是对死期的迟迟不至有些不耐烦，她低缓地对陈明说：

"死，原来也这样难。"

这话令陈明万箭穿心。

随后，丁玲又用一种异样的眼神望着陈明。陈明注意到她的嘴唇在微微翕动着，便偏过头去，将耳朵贴近她的嘴……他清楚地听见了三个字：

"亲亲我。"

丁玲说完这句话便与世长辞了。

参考书目

丁玲：《丁玲散文集》，北京：人民文学出版社，1980 年。

丁玲：《我的生平与创作》，成都：四川人民出版社，1982 年。

丁玲：《丁玲写作生涯》，天津：百花文艺出版社，1984 年。

《中国》编辑部编：《丁玲纪念集》，长沙：湖南人民出版社，1987 年。

丁玲：《我在爱情中生长》，桂林：漓江出版社，1988 年。

丁玲：《魍魉世界·风雪人间》，北京：人民文学出版社，1989 年。